超级爆品

罗启东　徐洪　著

中国出版集团
中译出版社

图书在版编目（CIP）数据

超级爆品 / 罗启东，徐洪著. -- 北京：中译出版社，2024.1

ISBN 978-7-5001-7661-9

Ⅰ. ①超… Ⅱ. ①罗… ②徐… Ⅲ. ①营销策划 Ⅳ. ①F713.50

中国国家版本馆CIP数据核字（2023）第237197号

超级爆品
CHAOJI BAOPIN

出版发行：中译出版社
地　　址：北京市西城区新街口外大街28号普天德胜大厦主楼4层
电　　话：010-68002876
邮　　编：100088
电子邮箱：book@ctph.com.cn
网　　址：www.ctph.com.cn

策 划 人：宿春礼　申　楠　于海英
责任编辑：张　旭
特约编辑：齐艳杰　沈晨昊
封面设计：王凤全

排　　版：北京华夏墨香文化传媒有限公司
印　　刷：三河市嘉科万达彩色印刷有限公司
经　　销：新华书店

规　　格：710mm × 1000mm　1/16
印　　张：18
字　　数：156千字
版　　次：2024年1月第1版
印　　次：2024年1月第1次

ISBN 978-7-5001-7661-9　　定价：89.00元

图书若有质量问题，请拨打以下电话进行调换。
电话：010-59625116

推荐序一

在接触定位理论已20余年的时间里，我们和定位理论创始人公司有过合作，也曾取得比较好的成果。但在产品严重同质化的今天，要想占据用户心智并取得商业上的成功，变得异常艰难，尤其对于我们这样的B端生产资料类产品，没有用户的强体验，主要依靠传播更是很难占据用户心智。

2021年，我有幸认识了冷启动公司的罗启东和徐洪老师，听了他们的超级爆品课程，顿觉超级爆品理论就是原创的中国版定位理论。为什么说它是中国版的定位理论呢？他们认为，企业通过超级爆品，让用户通过“强感知”体验到产品价值，不烧钱就可以占据用户心智，从而成就一个超级品牌。超级爆品的理论比定位理论更简单明了，更容易落地，更容易沉淀知识。更主要的是通过这套理论，企业更容易取得商业成绩。与冷启动合作以后，他们帮我们策划了一款“快反王”的“超级爆品”。2023年6月16日，“快反王”发布会收获了巨大的商业成功，“快反王”成为整个缝制机行业有史以来最成功的商业典范。

我希望超级爆品理论能给中国乃至全球企业带来福音，也为中国原创商业理论的发展贡献更大的力量！

杰克股份创始人、董事长

阮积祥

推荐序二

罗老师和徐老师在咨询实践中总结出一套较完整的“超级爆品”方法论，通过“超级爆品”实现单点击穿，使业绩得以增长。通过一款超级爆品，赢得用户选择，成就一个超级品牌，以用户为中心，最终赢得竞争。本书既有完整的理论体系，又有丰富的实践案例，这套方法适用于众多行业，对广大营销人和产品人有很好的启发，值得推荐。

益海嘉里金龙鱼食品营销公司董事长兼总经理

陈波

推荐序三

这几年，市场已经由增量转向存量，再进入减量了。需求侧消费力严重下滑、降级，出口也是断崖式下降，供给侧同质化现象严重。正好又赶上了几个低价平台的兴起，于是低价、低质产品大行其道，严重扰乱了原本符合经济规律的消费升级之势，厂商、渠道商、零售商和平台无一不被卷入一场混战。在这种背景下，我们做企业的都在苦苦思索，如何在这场空前的“内卷”中存活下来，如何能成为乱“市”英雄，实现弯道超车。

我不禁想起了马斯克的“第一性原理”。人们在消费过程中的第一性原理是什么？当然是好产品！如何打造好产品，又如何让广大消费者知道并相信这是好产品？于是我们开始寻找爆品打造之路。冷启动的广告语“冷启动干爆品，不烧钱做品牌”引起了我们的好奇心。于是，2022年我们走进了“冷启动”爆品课堂。罗老师、徐老师的底层逻辑理论让我们震撼，可谓

“深邃”“深入”；清晰的思维模式、工具表格通俗易懂，可谓“浅出”。而且两位老师带领同学们现场烧脑、实操、点评，深挖痛点，放大可感知，一全套流程下来，每个企业都亲手做出了一份让自己都不敢相信的爆品方案，满载而归。

我们公司在与国外大牌的合作中发现，他们大多是强产品、弱运营；而我们国内恰好相反，大多是强运营、弱产品。我们也认为，在产品的“1厘米宽价值钉”“1公里深价值定义”“1秒可感知”没有牢牢建立之前，投入的大量营销、广告等都无济于事。

希望在罗老师、徐老师爆品方法论的指导下，我们企业及中国众多企业都能回归商业本质，打造出超级爆品，引领消费升级，率先走出经济的低谷，并让中国真正成为制造强国！

点石制笔创始人、董事长

王元鸿

推荐序四

生物进化的动力源于对生存环境的适应能力，而企业进化的动力源于对市场需求的适应能力。以需求的变化为中心不断进化企业的适应能力，企业战略升级的过程就是产品进化的过程。产品战略是企业的第一战略，产品战略就是一边洞察需求变化，一边围绕需求做产品创新。产品不断创新才能适应需求的变化，才能跨周期发展，提高产品创新的能力就是企业的第一核心竞争力。

《超级爆品》这本书提出了以需求为导向，系统做爆品创新的方法论。书中提出的“爆品三维模型，1厘米宽价值钉、1公里深价值定义、1秒可感知”，让大家做产品创新有了可复制的方法论，让公司内部一致以用户为中心去做产品创新，避免本位主义，避免自嗨。无论是销售还是研发都只有一个焦点，就是用户，真正做到用户思维，而且避免了销售和研发互相扯皮、方向不一致的问题，提高了产品创新的效率，在“以用户为中心创新”这一理念的贯彻下，把研发和销售彻底打通。

本书聚焦用户需求、聚焦产品创新、聚焦一款“超级爆品”，实现单点击穿，成就一个超级品牌。一个公司有了定位以后，第一个要做的就是打造超级爆品，也是定位落地的第一课。本书既有理论，底层逻辑清晰，又有实战方法和实战案例，建议每一个做营销和做产品的人都读一读。

原北汽福田副总裁、奥铃事业部总裁

李杰

推荐序五

中国市场进入了“卷时代”，不少公司都把希望寄托在新产品上，但一个产品从研发、生产到渠道铺货，再到市场推广等过程中，动不动就是百万甚至千万的投资。尼尔森曾经有一个数据统计，每年中国推出的新产品失败率高达95%，也就是说那些投资百万甚至千万的新产品绝大部分都失败了。如何才能提高新产品新项目的成功率，而不是靠试错和运气呢？

《超级爆品》这本书洞察用户的行为路径，提出“商业逻辑图”，场景、痛点、需求、解决方案、品类、品牌环环相扣，底层逻辑清晰，为每一个新产品、新项目的投资提供了战略决策的依据，提高该项目的成功率，避免踩坑。

同时，这本书还提出了打造超级爆品的方法——爆品三维模型，即：“1厘米宽价值钉”“1公里深价值定义”“1秒可感知”。这三个“1”，从核心用户出发、从用户的核心需求出发，挖到

1公里深，挖到1秒可感知，做到单点击穿，方法简单、逻辑清晰，适用各行各业。

本书既有底层逻辑理论又有方法论指导，更有各行业的实操案例，值得推荐。

本来生活集团联合创始人
贾明

前言

21世纪的第二个10年，百年变局与大流行病交织叠加，国际产业链、供应链受到严重冲击，世界经济复苏步履维艰。国内经济也同样面临“三架马车”跑不动、跑不快的“困境”，各行各业从增量市场变为存量市场，很多企业都还来不及思考就已陷入了内卷旋涡。曾经为满足增量市场而成长起来的一大批企业家和从业者，也一时间摸不着头脑，找不到方向。

鉴于此，我们决定把多年“实战”经验总结出来的这套超级爆品方法论通过文字的形式与大家分享，以期启发正在转型中迷惘的企业家、营销人、创业者等读者朋友，让更多优秀的企业家、创业者掌握打造超级爆品的方法，在激烈的存量市场竞争中再次崛起。

先简单介绍超级爆品方法论的起源，以便读者朋友更好地理解超级爆品。

作为本书的执笔者，我们曾经在不同的企业从事过营销工作，且从一线基层做到了企业管理层。之后在合作过的咨询公司的影响下，我们先后转入营销咨询领域，再后来就一起成立了超级爆品咨询公司。

我们真正研究爆品，是从互联网崛起时开始的。互联网给传统企业带来的变化太大了：定位、渠道、广告、模式……可以说是全方位的影响。

先说说大家熟悉的“定位”。定位一度是营销界人人必谈的话题。每个品牌、每家企业都在绞尽脑汁找定位。那本红色封面，印着大大的“定位”两个字的书，相信很多企业经营者都看过不下10遍。定位的核心方法论是抢占用户心智，那到底什么是心智？它有怎样的运行机制？怎样才能更高效地抢占用户心智？遗憾的是，所有的定位理论及案例，都没有明确给出答案。如今，人们虽然还在用“定位导向”的营销战略思维，但提及的次数却越来越少，大家的共识变成了“流量为王”。

然后是渠道。以天猫、京东等为代表的电商崛起，对传统渠道的影响有多深远，相信大部分人都有切身体会，有机会我们会详细聊。

接着是广告。互联网时代，信息流的传播形式更加多元，一个微博账号或一个抖音账号的粉丝数量可能远超一个传统电视台。简单粗暴烧广告的传统方式在互联网时代已经行不通：一方面，高企的广告费让中小企业烧不起；另一方面，如今的用户更信赖普通消费者的评价与达人的推荐，更注重产品体验，而不再简单依据广告来决策。可以说，以微博、微信、抖音、小红书等为代表的个人媒介的崛起颠覆了“硬广媒介”的时代。

至此，“以定位定战略”“以渠道为王”“以广告为驱动力”的传统营销“三驾马车”统统失效。

时代的发展，让线下企业与时俱进，纷纷拥抱互联网。自然流量饱和之后，流量的价格也是水涨船高，红利时代的电商平台赚得盆满钵满，找不到出路的企业又纷纷含泪回到线下。这时，商业模式思维大行其道，各行各业都在热聊如何用商业模式颠覆传统。然而，入局者众多，胜出者屈指可数。由此可见，商业模式这条路也不好走。

广告无效果、流量买不起、模式跑不通，难道在互联网的冲击下，商业真的进入了一个混沌的时代，没有一丁点规律可循吗？

残酷的现实，加上心中的好奇，驱使我们对这个问题进入更深维度的研究。我们回到商业的原点，梳理了一系列问题：

用户为何要买产品？

用户买产品的决策依据是什么？

什么东西会干扰用户的决策？

什么样的产品才能不推而销？

…………

带着这些疑惑，我们大量阅读中外书籍，并且在为企业提供咨询与服务的实践过程中，不断研究和探索。后来，一个偶然的机会让我们看到了曙光。

有一次我们团队出去自驾游，路过一个高速公路服务区时，一个同事在超市里抱起一箱红牛就扔进了购物车，当时旁边有一个很大的堆头，卖的也是类似红牛的产品，还在搞“买一送一”的促销活动，他却看都没看一眼。

这引起了我们的思考——到底是什么因素促使他这样的行为？

那一次的自驾游，后来成了“为什么买红牛”的话题研讨之旅。一路上，在不断的思维碰撞中，我们产生了很多新的想法，但直到自驾游结束，也没能把这些想法和观点串联到一套完整的逻辑体系中。于是，我们立即开始对这个专项课题进行研究。

既然毫不犹豫买红牛是一种决策行为，我们就从人的心理活动发生机制入手。

我们先后研究了达尔文的进化论、人类行为心理学、认知神经学等内容，还拜访了诸多心理学的专家、教授。当研究的内容涉及潜意识、快系统和慢系统、巴甫洛夫的条件反射、赫布的联合学习定律时，答案慢慢开始浮出水面。特别是巴甫洛夫的条件反射实验，它解答了我们的伙伴抱着红牛就走的原因——这款产品触发了消费者的条件反射机制。

一款产品能让消费者对它形成条件反射，说明这款产品有非常强大、持续的吸引力。从表面上看，用户是因为品牌而做的决策，本质其实是基于对产品的强需求。我们把这一决策的底层路径进行延展，画出了商业底层逻辑图，总结了从场景到品牌的条件反射规律，具体的内容我们将在书中详细展开。我们借用了“映射”这个数学名词，并把这套理论命名为“爆品映射定律”。这是爆品领域的第一个原创理论，我们还为此申请了版权专利。

受互联网爆品一词的启发，我们把引起条件反射的产品取名为“超级爆品”，并提出了“超级爆品成就超级品牌”的企业经营理念，从用户角度找到了一条打造超级爆品的完整路径。

什么样的产品才是真正意义上的超级爆品？

对于这个问题，我们内部一度产生分歧。一种声音说，在互联网流量制胜的时代，超级爆品应该以获得超级流量为目的，应该学习小米的模式，用超低价爆品引流，然后再进行后端转化；另外一种声音说，超级爆品应该是一款具备极致价值的产品，不应该采用低价，低价根本没有空间做出一款极致的产品。超级爆品应该卖价值、卖解决方案，而不是低价卖产品，应该是苹果模式而非小米模式。

对于这样的分歧，我们又反复进行了研讨。过程中我们意识到，小米爆品方法论的核心是性价比，小米运用先亏后赚、“羊毛出在猪身上”的资本逻辑构建了小米商业帝国，这对小米来说无疑是成功的。但是，这样的商业逻辑必须建立在雷军和小米软件强大的粉丝号召力以及拥有大量资本垫背的基础上才能运行。传统企业要学习这样的模式，风险极高。

毫无疑问，没有小米的历史基因，小米的低价模式很难复制。对于传统企业，这样的资本模式也不能复制。因此，低价爆品模式是不可行的，超级爆品必须以提供超高价值需求的解决方案为前提，卖价值而不是卖低价，这才是我们超级爆品方法论的前提。

有了这一定论，加上超级爆品映射定律这一理论基础，结合大量的咨询落地经验，我们总结出了超级爆品三维模型的落地工具系统，方便帮助不同企业快速打造自己的超级爆品。

现在，我们把这套方法分享出来，希望能帮助更多企业少犯错误，科学营销，不烧钱也能打响自己的品牌。我们还有一个使命，立志帮助并影响100万家企业打造出超级爆品，为新国货运动贡献绵薄之力，为实现国内经济的高质量发展添砖加瓦。

罗启东、徐洪

2023年11月3日于广州

目录
CONTENTS

理论趋势篇

1 混沌的商业时代

- 供需关系大变革 5
- 信息大爆炸 6
- 消费方式大变革 8
- 用户迭代与分层 10

2 超级爆品时代

- 当今企业困惑 16
- 商业演变史 17
- 超级爆品时代来临 21

3 超级爆品

- 我们理解的“超级爆品” 26
- 用户视角的超级爆品 28
- 超级爆品的底层逻辑 30
- 超级爆品映射定律 35
- 如何打造超级爆品 41

实操方法篇

4 什么是『1厘米宽价值钉』

- 3MANG 产品 49
- 一切为了生存 52
- 意识与潜意识 56
- 用户需求洞察 60
- 价值钉：钉住用户的潜意识 66

5 如何寻找『1厘米宽价值钉』

- 价值钉“三角焦点法” 72
- 骆驼奶粉：新品类的打法 76
- 永磁同步电机：卖不动，问题未必出在价格上 78
- 品择金属木饰面：精准洞察需求，扭转市场困局 80

6
什么是『1公里深价值定义』

- 从“中国李宁”的成功说开去 84
- 创新始于用户体验 86
- 产品创新难在哪儿 91
- 乐纯酸奶：外行怎样超越内行 94
- 1 公里深价值定义 96
- 痛点本质洞察 98

7
如何把产品的价值定义挖到『1公里深』

- 通过对手的解决方案找最优解 102
- 技术领先一小步，体验领先一大步 104
- 用更高新的技术碾压对手 109

8
什么是『1秒可感知』

- 阻碍用户感知的两大商业鸿沟 113
- “韦伯—费希纳定律”与产品体验有何关系 119
- 可感知遇见好产品 121
- 借力感知突破法 127
- 差别阈限突破法 131

9 如何才能让用户『1秒可感知』

● 可感知设计：从名字到包装　137
● 优秀 Slogan 的“一个中心”与“三个原则”　141
● 放大价值钉的五觉可感知设计　143
● 如何将体验感知设计做到极致　149
● 认知转变：所有企业卖的都是体验　152
● 可感知实战案例：“实在湘”的进化　155

案例综合篇

10 从『服务更好』到『技术领先』杰克『快反王』：

● 1 厘米宽价值钉：来料通吃的平缝机　170
● 1 公里深价值定义：智能匹配送布力与穿刺力　176
● 1 秒可感知：新包装、新口号、新实验　180

11 森歌智能水洗集成灶：从『高端』到『智能』

- 1 厘米宽价值钉：全自动水洗集成灶　192
- 1 公里深价值定义：全自动活水清洗系统　196
- 1 秒可感知：一秒爱上智能水洗　201

12 湘满楼：餐饮老店突围

- 1 厘米宽价值钉：正宗的湘菜　211
- 1 公里深价值定义：四大传承做“老味”　214
- 1 秒可感知：围绕“五觉”下功夫　216

13 派摩：获得上亿元投资的『去中间化』贸易商

- 1 厘米宽价值钉：更专业的经营服务　224
- 1 公里深价值定义：一站式专家级经营服务　226
- 1 秒可感知：新旧对比看巨变　228

14 杨格智能锁：用C端思维做B端生意

- 1 厘米宽价值钉：军工级的安全锁 234
- 1 公里深价值定义：无法技术开启的安全锁 236
- 1 秒可感知：实验说明一切 239

15 壹佰刀具：成功突破价格内卷

- 1 厘米宽价值钉：高精度切削 246
- 1 公里深价值定义：七维创新新刀片 249
- 1 秒可感知：零偏摆、刀刀直 252

写在最后 256

理论趋势篇

眼下，供需关系发生重大变革，信息传播的效率与量级都达到前所未有的水平，居民的生活也朝着更有品质化、更加多元化的方向发展，用户迭代与分层也变得越发明显。主动求变是混沌商业时代下我们的唯一出路。

1

混沌的商业时代

供需关系大变革　5

信息大爆炸　6

消费方式大变革　8

用户迭代与分层　10

改革开放40余年来，我国取得了全球瞩目的经济成果，GDP在全球的占比从1977年的2.4%，提高到2022年的17.82%，经济总量跃居全球第二。伴随国家经济崛起，国内诞生了一大批优秀的民营企业家。其间，中国企业家主要抓住了三次重大的商业机会——物质短缺带来的内需提升商机、大量基础建设带来的产业链发展商机、庞大的海外市场带来的外贸商机。

然而，市场的发展瞬息万变。进入21世纪后，随着全球疫情肆虐，经济低迷，保护主义浪潮迭起，曾经那些行之有效的方法却在今天纷纷失效，大量企业面临产品卖不动、价格内卷、产能过剩等问题。对于中国企业家来说，商业进入了混沌时代，“未来商业的法门在哪里”成为中国企业家最关注的话题。

要探究未来的商业法门，我们得先来回顾商业历史，看看改革开放40余年里，我国到底发生了哪些重大的商业变革，以及这些变革对未来的启迪和警示。

图1-1 繁华的上海陆家嘴——改革开放40多年来，中国经济发展的缩影

供需关系大变革

我国的供需关系经历了以下几个阶段：

第一阶段，供不应求

改革开放前，国内供需关系总体处于供不应求阶段。生产效率不高，产能严重不足，无法满足消费端的需求，重要的产品均实行配给制、指标制，产品永远不愁卖，即便是有瑕疵的产品也能顺利被市场消化。

第二阶段，供过于求

改革开放后，在资本的驱动下，先进的生产设备、先进的管理理念进入国内市场，产能开始爆发，供需关系开始逆转，并很快进入供过于求的阶段，产品的销售难度逐年加大。

第三阶段，供需结构矛盾

产品供过于求的同时，供需结构矛盾显现：一方面，大量低端、低质量产品和服务供过于求；另一方面，高技术、高端产品和服务却严重依赖进口，消费者把大把的消费投到了海淘、出境购上。在这种情况下，国家提出供给侧改革，目的是让供给侧围绕需求端进行产业与产品升级，提升经济的内循环能力。

信息大爆炸

互联网领域的快速发展，让信息传播的效率和量级都达到前所未有的高度。

截至2023年9月，微博月活跃用户超过6亿，日活跃用户达2.6亿。2023年春节档电影微博话题达3.7亿条，话题阅读量达659.3亿人次，2023年春晚相关话题的整体阅读量超过200亿人次。

2022年抖音月均热点视频播放量超4000亿，截至2023年5月，抖音月活用户规模达到7亿，2023年1–9月，抖音探店相关视频超12.7亿个，165万探店达人在抖音获得收入。截至2023年10月，抖音电商作者数量突破1000万。

截至2023年6月，中国网民总量达到了10.51亿人，即时通讯用户规模达到了10.2亿人，短视频用户规模达9.5亿人，在线音乐用户规模8.2亿人，在线游戏用户规模7.6亿人，在线阅读用户6.4亿人，在线教育用户规模5.2亿人，在线医疗用户4.8亿人。

截至2023年9月，中国人均互联网单日使用时长为4.41小时，人均单日使用次数为62.1次。

用户每月人均移动互联网接入流量从2016年的760MB提高到了2022年的15.2GB，涨幅接近20倍。

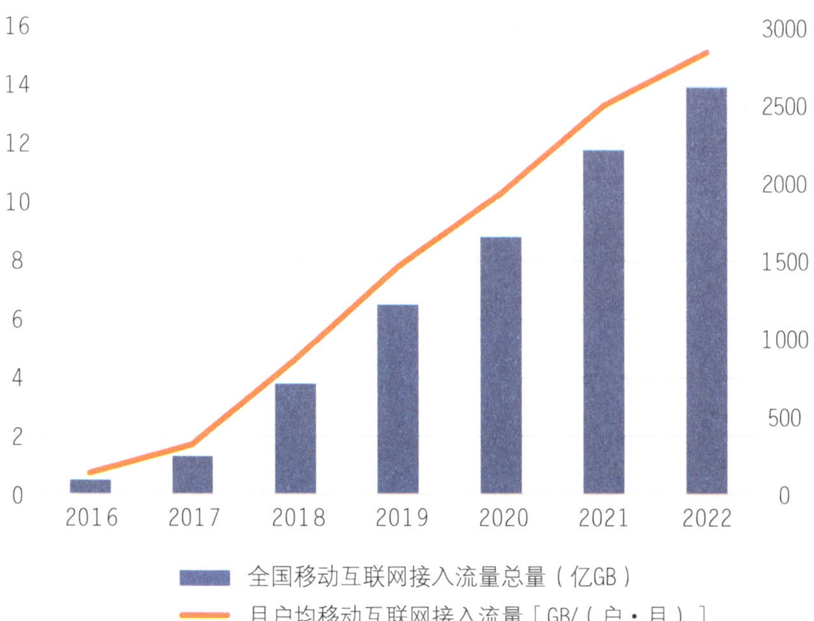

数据来源：中华人民共和国工业和信息化部

图1-2 历年移动互联网接入流量情况

在信息大爆炸的时代，消费者很难在浩瀚的信息海洋中找到最有价值的信息，也很难辨别各种信息的真实性与可靠性。

消费方式大变革

恩格尔系数是家庭食品支出与家庭消费总支出的比值。联合国根据恩格尔系数的大小，对世界各国的生活水平有一个划分标准，一个国家家庭的恩格尔系数平均达59%以上为贫困、50% ~ 59%为温饱、40% ~ 50%为小康、30% ~ 40%为富裕、低于30%为最富裕。

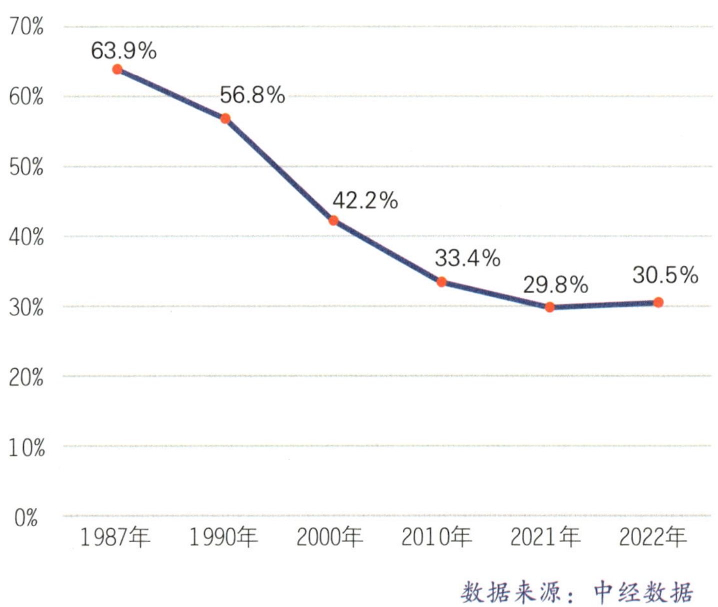

图1-3 中国居民历年恩格尔系数

从居民恩格尔系数可以看出，1978 ~ 2022年，中国居民消费能力大幅度提升，人们的消费目的，也由最初的温饱型消费，慢慢转向享乐型消费，中国正在逐步迈入富裕国家行列。虽然我国和美国等发达国家还有差距，但居民生活变得更有品质、更加多元，这已是大势所趋。

用户迭代与分层

改革开放40余年来，以每10年为一个周期进行观察，能明显看出我国社会生活发生了巨大改变，出生在不同周期的人们，也因此有了非常大的认知差异。

例如，20世纪80年代出生的人经历过贫穷，也享受过富足；而2000年以后出生的人，一出生就进入了互联网时代，大都没有体验过非常贫困的生活。不同的生活经历，让不同代际的人对好产品有不同的认知，对消费也有不同的理解。

图1-4 以2023年为节点的用户分层剖析

这样一来，即便是同一个品类的商品、服务，不同代际、生活在不同区域的消费者也会有不同的需求。只有让产品、服务不断细分，满足不同代际、不同层级用户的喜好，用户才会心甘情愿地买单。

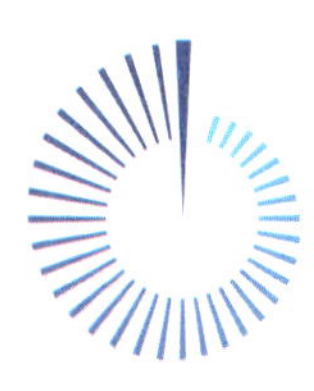

出生年代		1978年～1989年	1990年～1999年
社会背景		物资短缺，通货膨胀，凭票消费，计划供应	改革开放进入新的发展阶段，政策松绑
人均GDP（美元）		156～311	317～873
恩格尔系数	城镇	57.5%～54.5%	54.2%～42.1%
	农村	67.7%～54.8%	58.8%～52.6%
消费特征		衣食为本，温饱消费	多业态发展，大众消费
消费观念		崇尚国外产品，以消费衣食等生活必需品为主	大众化家电类目崛起，“新三件”代替“老三件”
重要事件		1981年，可口可乐进入中国 1983年，国营“三固定”的批发流通模式被打破 1987年，娃哈哈公司成立，肯德基进入中国	1990年，雅芳进入中国，珠江频道首播电视购 1993年，国家贸易部成立，商品流通进入快车道 1999年，阿里巴巴公司成立，自动售货机出现

000年～2009年	2010年至今
国加入世界贸易组织，参与全球 ，经济飞速发展	年轻一代登上消费舞台，高度信息技术化
59～4561	5633～10000
9.4%～36.5%	35.7%～28.2%
9.1%～41.0%	41.1%～31.2%
购崛起，消费多样化	科技赋能，消费个性化
牌化私家车普及，消费者对品质 服务有了更高要求	个性化、品质化的小众消费，国货、私人消费品崛起
01年，中国加入世贸组织 03年，淘宝上线 04年，京东上线 08年，唯品会、洋码头等垂直电 崛起 09年，第一次“双11”，饿了么 线	2010年，iPhone4发布 2011年，支付宝拿到牌照 2013年，网民破5亿 2014年，大规模商用4G 2015年，人均GDP破8000美元 2016年，抖音上线 2017年，共享经济被热捧 2018年，线下零售关店潮，美团、拼多多上市 2020年，抖音日活突破6亿

随着时代发展，不仅产品设计研发需要多动脑筋，营销宣传也要肯下功夫。如今几个媒体一统天下、几个明星一统天下的时代已经一去不复返。作为商家，花巨资在某家媒体做一个好广告，找一位巨星代一次言就能让产品大卖的日子也不复存在了。

总而言之，进入21世纪之后，供需关系发生重大转变，传播信息量进入大爆炸时代，消费方式大变革，用户开始迭代与分层。今天的商界竞争变得更加激烈，如果还用之前的老一套来拼，只会让企业由上至下都陷入泥淖之中。

主动求变，是走出这个混沌商业时代的唯一出路。

2

超级爆品时代

当今企业困惑　16

商业演变史　17

超级爆品时代来临　21

当今企业困惑

步入21世纪以后，商业的大变革让众多企业家难以适应。

曾经渠道为王的娃哈哈，业绩差不多倒退回10年前的水平；

曾经遥遥领先的格力空调，开始被美的超越；

曾经牢牢占据超市日化一半货架的宝洁，各细分品类不断被新国货超越；

曾经以流量打天下的完美日记，其母公司股价从最高时期的25美元跌至最低不到0.4美元，缩水超过99.9%，亏损严重……

很多曾经成功的方法，今天都黯然失色。

产品好就能卖得好的时代一去不复返；

大力投放好广告便能成就好品牌的黄金岁月不再；

曾经那些拓展市场屡试不爽的好方法变得不再灵光；

好不容易找到一条有点曙光的出路，还没来得及好好拓展，就已经变成死胡同……

这般巨变之下，市场还有没有规律可循？

商业演变史

要了解商业规律，先要了解商业发展史中的基本规律。越是原始的、底层的规律，越具备稳定性。把握住它们，才能更好地洞察未来的商业发展。

（1）部落社会

在货币出现前，部落社会中的“买卖”，主要通过以物易物的方式来实现。

假如你的部落养了很多羊，但你想吃隔壁部落养的鸡，你就得找隔壁部落的人商量，用你的羊换对方的鸡。如果对方正好也想要你的羊，那就一拍即合，继续往下讨论细节，比如用几只羊换对方几只鸡；再比如是我把羊赶到你的部落，还是你把鸡带来我的部落。为了保证交换不出错，双方还会给相中的羊和鸡做上标记。

如果你想要的东西没有人能换，或者你拥有的东西没有人想要，整个交易的过程就会无比艰难。

这就是最原始的商业行为。

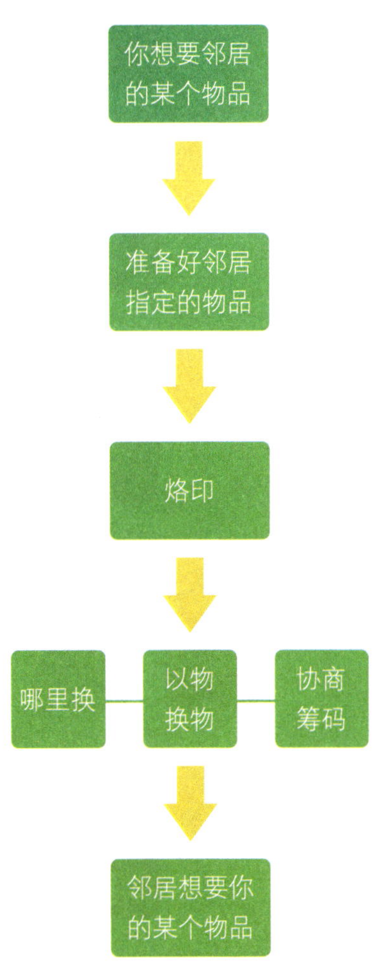

图2-1 部落社会的商业逻辑

（2）手工业社会

人口的膨胀和生产力的提高，带动了手工业的蓬勃发展。为了提高交换效率，人们发明了货币，并且形成了集市。通过支付货币，人们就能获得自己需要的东西。

这时，商家开始生产市场流通性较好的产品。为了区别同行的产品，商家开始在自家产品上做标识；为了卖得更好，商家会考虑同行的价位，给自家产品定一个有竞争力的价格。

与以物易物的部落社会相比，手工业社会里的集市交换效率更高。商家也有更多的时间专注生产，提高生产效率。

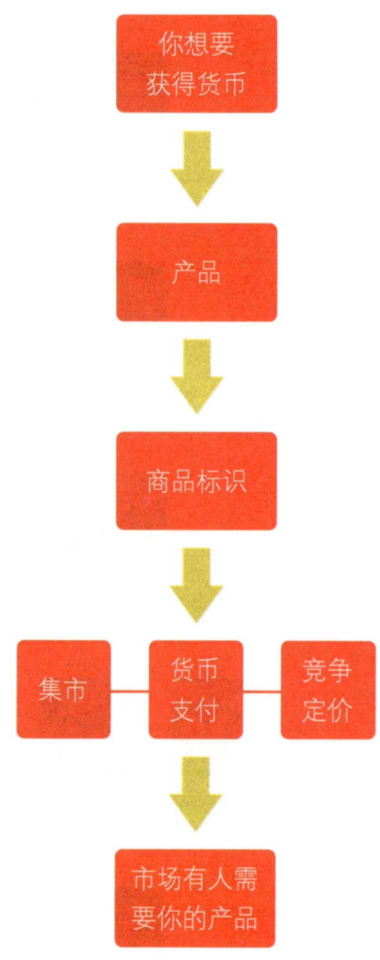

图2-2 手工业社会的商业逻辑

（3）现代社会

历史上的三次工业革命，让全社会的生产效率都得到了极大提升。为了获得资本增值，有能力的商家纷纷大规模投入设备，开始规模化生产产品，以此降低成本。为了扩大销售，商家开始全网布局，不放过每一个销售机会。

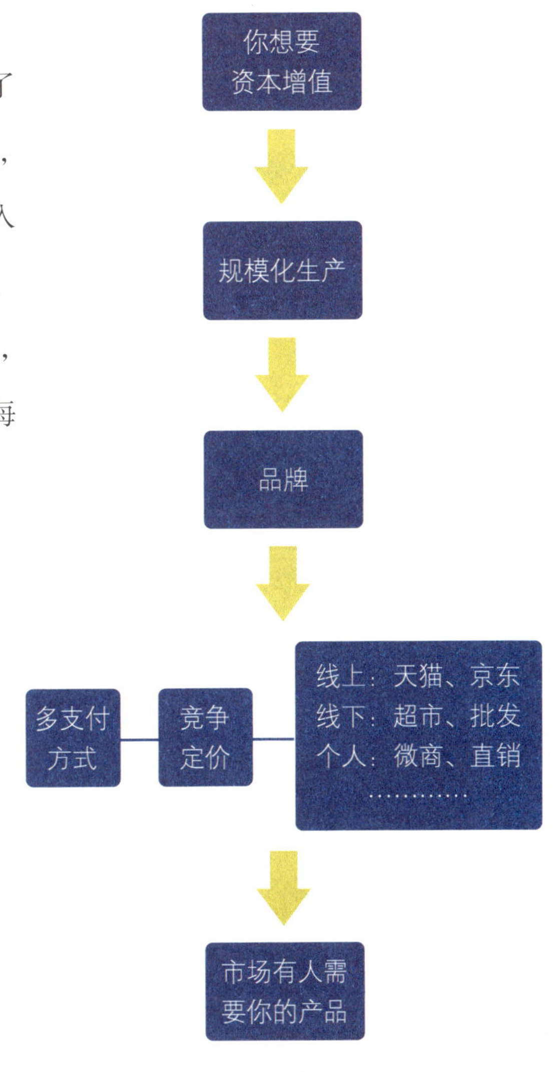

图2–3 现代社会的商业逻辑

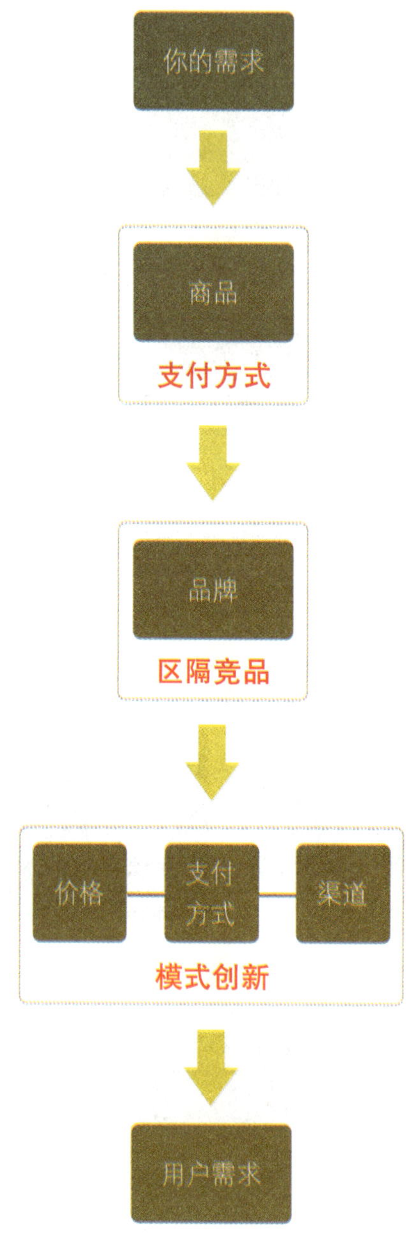

图2-4 商业最底层的本质

从上述几个商业阶段，我们可以梳理出商业的底层脉络——商业的目的是发生交换，只是不同阶段的交换方式效率不同。因此，交换方式的创新本质上是商业模式的创新，目的是提高商业效率。

在部落社会，如果隔壁部落对你的羊不感兴趣，交换行为就不会发生。

在手工业社会，如果你的产品用户不喜欢，放在集市上就无人问津。

在现代社会，如果你的产品不能满足用户需求，企业就会被市场淘汰。

商业最底层的本质是商品的价值交换，而营销品牌就是为了与竞品区别开来，在同品类中脱颖而出。

超级爆品时代来临

纵览商业演变史，我们不难得出“产品才是商业根本”这个结论。只有能创造价值的产品才能赢得用户，从而赢得市场。

图2-5 战争三大核心要素：人×武器×后勤保障

战争有三大核心要素：人、武器、后勤保障。

当人和武器与对手相当时，往往后勤保障能力强者胜；

当武器和后勤保障与对手相当时，往往人多、战斗力强的一方胜；

当人和后勤保障都落后于对手，但你有最先进的武器时，往往武器更强者胜。

这就是为什么西班牙殖民者用168个士兵就擒获了印加帝国皇帝，灭掉了印加帝国。这也是为什么成吉思汗的铁骑可以横扫欧亚大陆。

因此，战争三要素中，最重要的一定是武器，只有武器无法胜出时才拼人、拼后勤保障。

图2-6 商战三大核心要素：人×产品×资源

纵观商战，也有三大核心要素：人、产品、资源。

当产品不行时，企业只有拼人海战术，或者砸广告、搞促销等拼资源能力。

如果企业拥有一件核武器一样的产品，完全可以推平一切市场阻力，碾压对手，根本不需要拼人海战术，也不需要拼资源。这种核武器般的产品就是超级爆品。

苹果手机打败诺基亚，靠的是资源能力吗？靠的是渠道能力吗？都不是。一款产品，就把诺基亚斩于马下。

我们来看看娃哈哈集团2009 ~ 2022年的营收图。

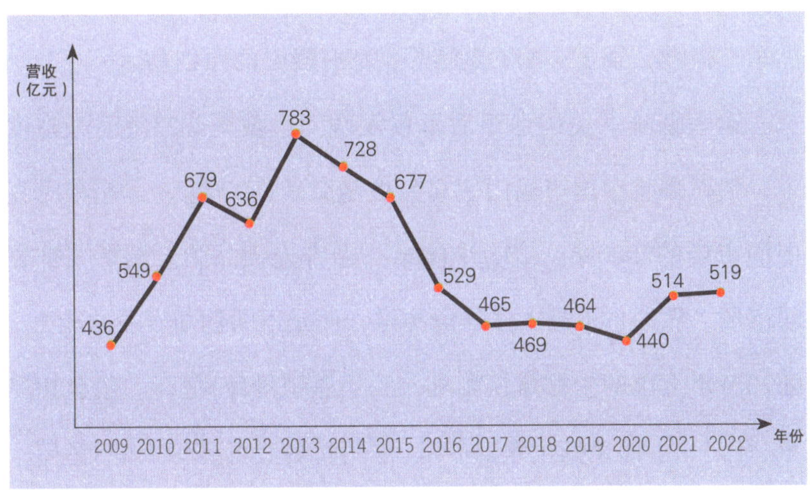

图2-7 娃哈哈集团2009 ~ 2022年营收图

图中所示的年份中，娃哈哈的营收从低到高再回落，几乎又回到了10年前。这种变化，说明当下饮料市场不景气吗？当然不是。娃哈哈曾经的代理商，钟睒睒的农夫山泉，2021年营收297亿元，增长率达29.8%，净利润71.6亿元，市值超过5000亿元，钟睒睒本人也成为中国首富。

通过对比娃哈哈和农夫山泉的商战三要素，我们可以清晰地找到两者的区别。

娃哈哈重团队、重渠道、重资源而轻产品，除了起步阶段的儿童乳饮料，后来的营养快线外，鲜有爆品出笼。娃哈哈的大部分产品都在模仿，以为靠广告和渠道优势就能收割市场，结果事与愿违。只有对手也没有爆品时，广告与渠道才能带来竞争优势；在爆品面前，广告与渠道优势荡然无存。

反观农夫山泉的产品线，除了传统的天然水，新品开发上也是下足了功夫，无论是当年的爆品农夫果园，还是今天的爆品东方树叶、茶π、NFC果汁等，都有极强的原创基因。

瑞幸咖啡从美国退市后不仅没倒闭，截至2023年第三季度末，瑞幸咖啡中国市场门店总数更是突破13000家，远超星巴克中国市场的6800家，成为中国第一咖啡连锁品牌。瑞幸咖啡赢得市场，靠的也不是人多、资源足，而是不断创新产品的能力。如2021年上市的生椰拿铁咖啡，一年总销量破1亿杯。截至2023年4月初，生椰拿铁上市2周年，总销量更是突破惊人的3亿杯。2023年9月4日，瑞幸推出的酱香拿铁咖啡上市当日，销量达542万杯，销售额突破1亿元，刷新瑞幸单品日销新纪录。源源不断的超级爆品就是瑞幸咖啡赢得用户、赢得市场的最重要利器。

再比如“三无”产品（无销售、无广告、无促销）老干妈，2022年营收42亿元，靠的还是超级爆品——一瓶让人上瘾的辣椒酱。

由此可见，在混沌的商业时代，超级爆品就是最有力的武器。随着社会的进一步变革和发展，未来的商业时代很可能更混沌、更复杂，但无论社会如何变迁，商业最基本的法则不会变，产品永远是一切商业背后的根。只要扎好产品的根，企业就能泰然处之。企业要想在混沌的时代站住脚跟，最有效的方式就是打造超级爆品。

这个时代必将是超级爆品的时代。

3

超级爆品

我们理解的“超级爆品” 26

用户视角的超级爆品 28

超级爆品的底层逻辑 30

超级爆品映射定律 37

如何打造超级爆品 41

我们理解的“超级爆品”

“爆品”一词源于互联网，指销售火爆的产品。然而我们所理解的“超级爆品”不仅仅是卖得火爆。我们把爆品分为三个层级：

图3–1 爆款、爆品、超级爆品

因此，本书所说的超级爆品，皆为形成爆品映射，成为品类第一的战略性产品。

具体到爆品本身，我们又将它分为三种不同的类型：

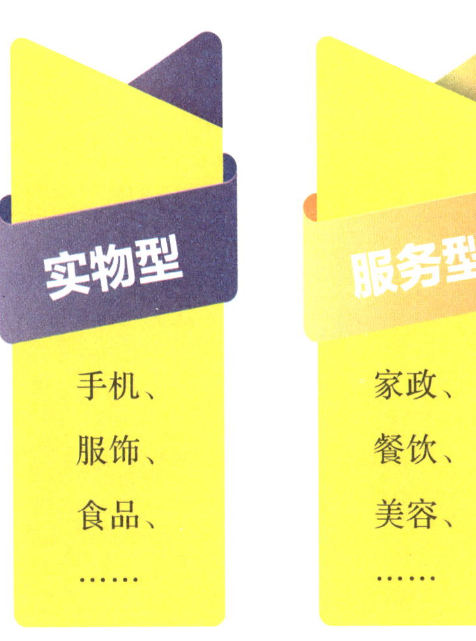

图3-2 超级爆品的三种类型

用户视角的超级爆品

爆品这件事，还得站在用户的视角去思考。

我们说，商业的最终目的是为用户创造价值，如何才能精准洞察用户需要的价值呢？

为何很多企业明明生产出了对用户非常有价值的产品，但用户还是视而不见？是买方不识货，还是卖方不懂用户？

回答这个问题前，大家先来看两幅漫画。

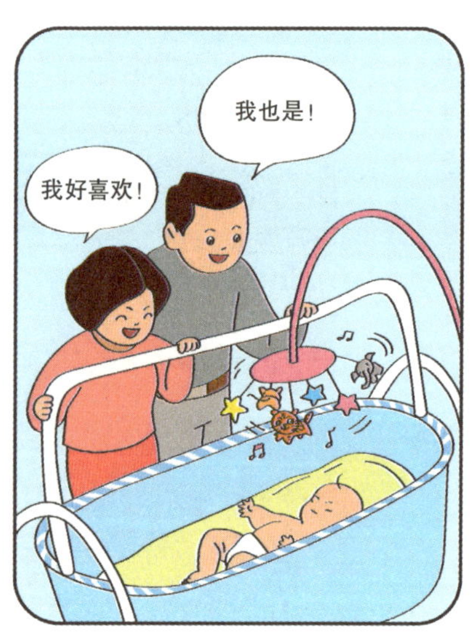

一对年轻的父母给最爱的孩子买了一堆玩具。

妈妈说："玩具不错，我好喜欢！"

爸爸说："我也是！"

可是，他们并不知道，孩子看到的玩具是这样的：

如果孩子会说话，大概会说："一堆玩具屁股有啥好看的？爸妈的欣赏水平有问题！"

大部分企业和这对年轻的父母一样，很爱自己的用户，却很少站在用户的角度开发产品，从而陷入“自嗨”状态。结果就是你把用户当宝，用户视你的产品为草。

打造超级爆品，首先需要转变思维，站在陌生用户的角度看自己的产品。

听起来，这是件很简单，也很容易做到的事情。实际上，工厂思维、技术思维、运营思维束缚着很多企业，这种转变很多时候比登天还难。

打个比方，假设你的企业里有一个技术牛人，他通过不断钻研，研发出了一种行业内的新技术，但这个技术短期内对用户没啥价值。如果你是老板，你会不会说服他，先放弃这个引以为傲的技术？假如你是这位技术牛人，你是会主动放弃，还是会想方设法用到最新的产品中？放弃意味着前期所有努力打水漂；不放弃，直接用于产品，可能会让产品难以卖出去，叫好不叫座。

相信很多企业都被类似的事情困扰过。一旦陷入具体的事情中，被各种外界因素左右，这种选择题，怎么选都选不对。

转变思维，要解决这个问题，其实就是反复问自己一句话：“这是用户想要的，还是我想要的？”

在不断反问的过程中，相信你就能找到真正的答案。

超级爆品的底层逻辑

要想真正站在用户的视角观察，就一定要搞清用户的消费逻辑和消费行为，知道他们基于什么逻辑体系来进行消费决策，以及为何他们青睐一些产品而漠视另一些产品，钟爱一些产品又鄙视另一些产品。

先弄懂一个问题，用户为何要买东西？

毫无疑问，用户买东西一定是基于某个需求，这个需求可能来自生活的不满意点，即痛点；也可能来自新诞生的创新需求，例如

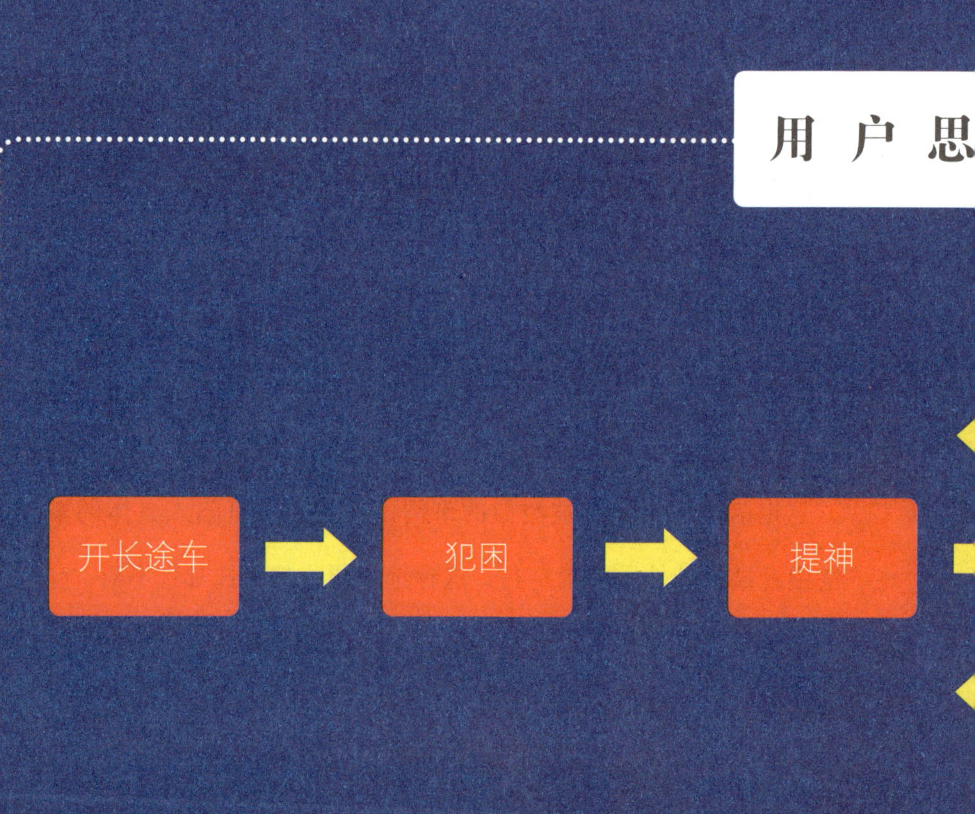

你突然想让自己的心灵去旅行。

我们用一个生活中比较常见的场景来推演用户的消费决策过程，看看能不能找到一些规律和逻辑。

假如，你明天要从北京自驾到广州，行程超过2000公里，耗费20多个小时。你可能会去超市采购一些路上用的物品，比如买几罐红牛。购买红牛这个消费行为是怎么发生的呢？你的底层思维路径或许是这样的：为了解决开长途车犯困的问题，你逛超市时，刚好看到了红牛，于是买了几罐，也可能还顺手买了一包口香糖或者一瓶风油精。这就是用户购买一个产品的思考路径，如下图所示。

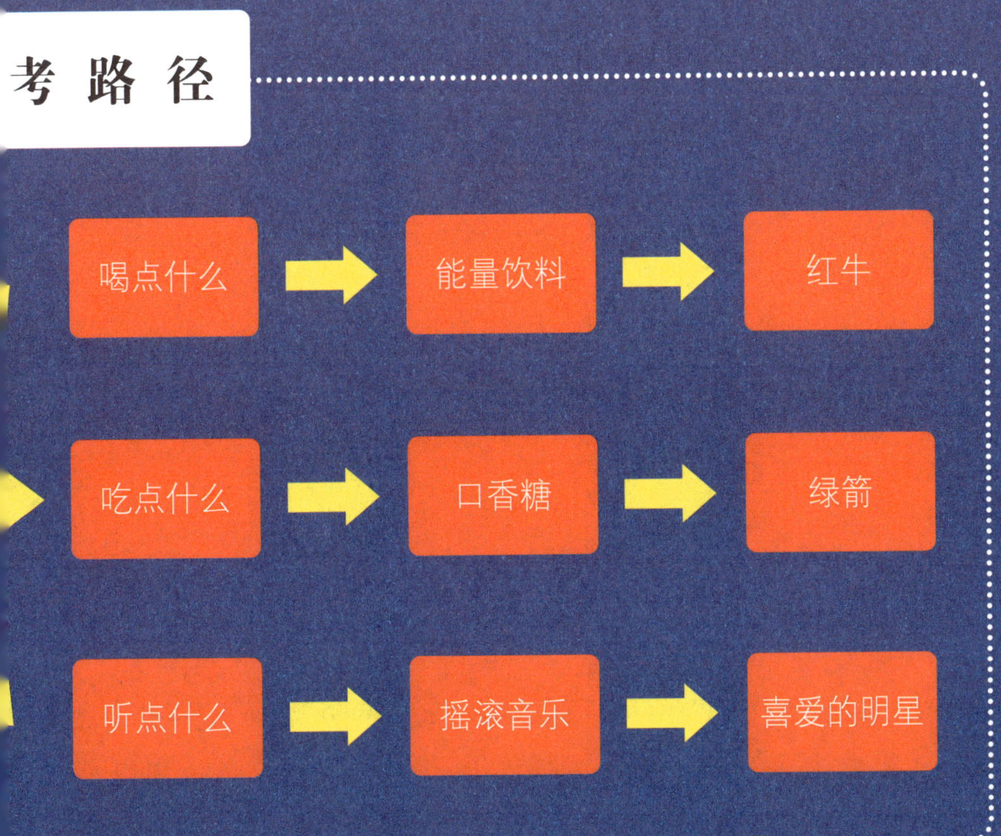

不仅是买红牛，任何消费行为背后，都有这一个底层的思考路径。它对我们有什么商业启发呢？

我们把用户每个思考节点进行解剖，就能得出商业最底层的逻辑。

开长途车是我们生活当中的一个场景。“犯困”是这个场景中的常见痛点，它刺激我们产生了“提神”的需求，于是我们会根据实际

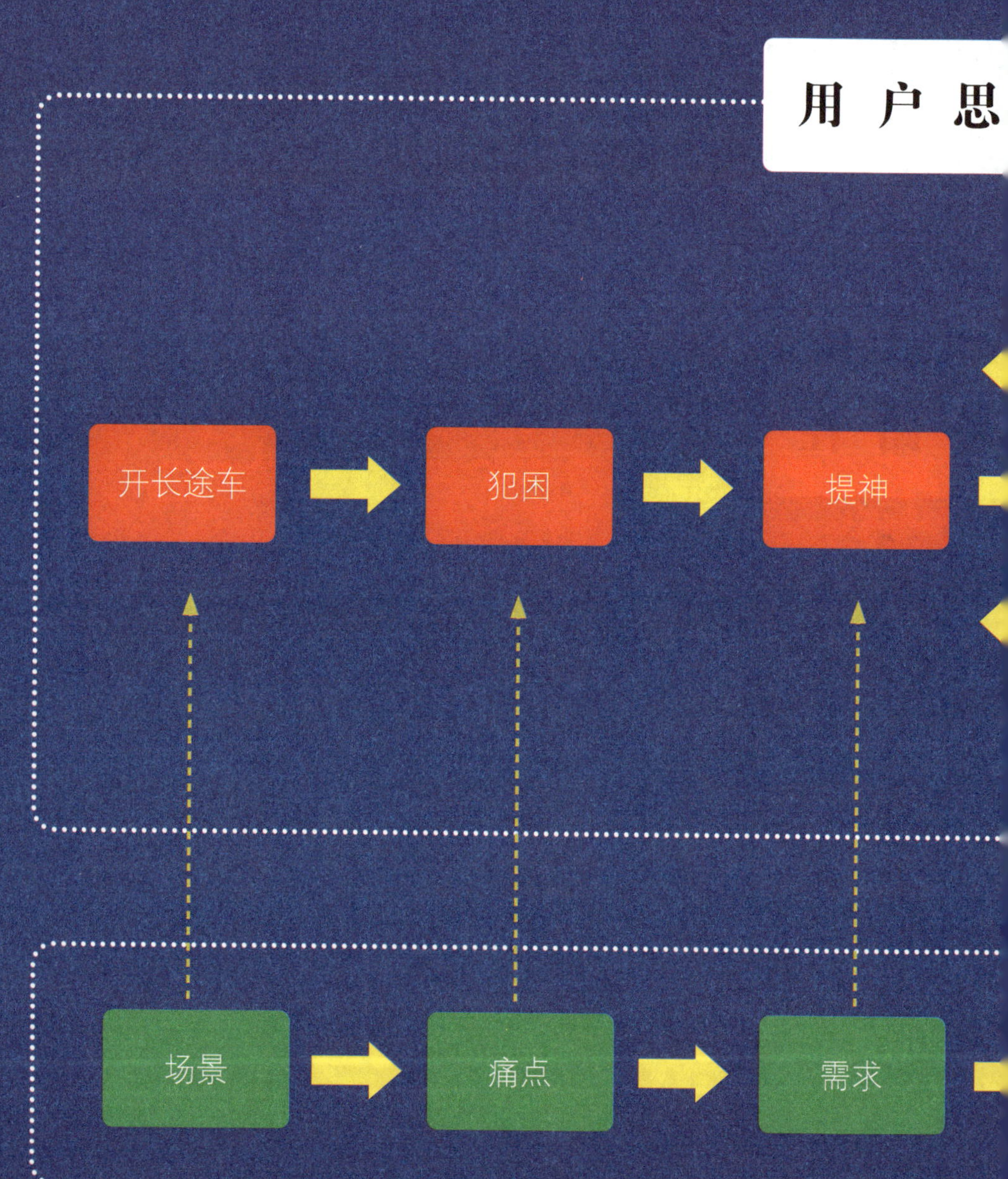

情况，寻找最适合自己的解决方案，这个方案可能是喝点什么，也可能是吃点什么，或者听点什么。选定不同的解决方案之后，我们的脑海中自动就会浮现这个方案中最合适的产品，它就是我们会购买的超级爆品，而品牌则是超级爆品的识别符号。这就是从用户消费行为洞察出的商业最底层逻辑。

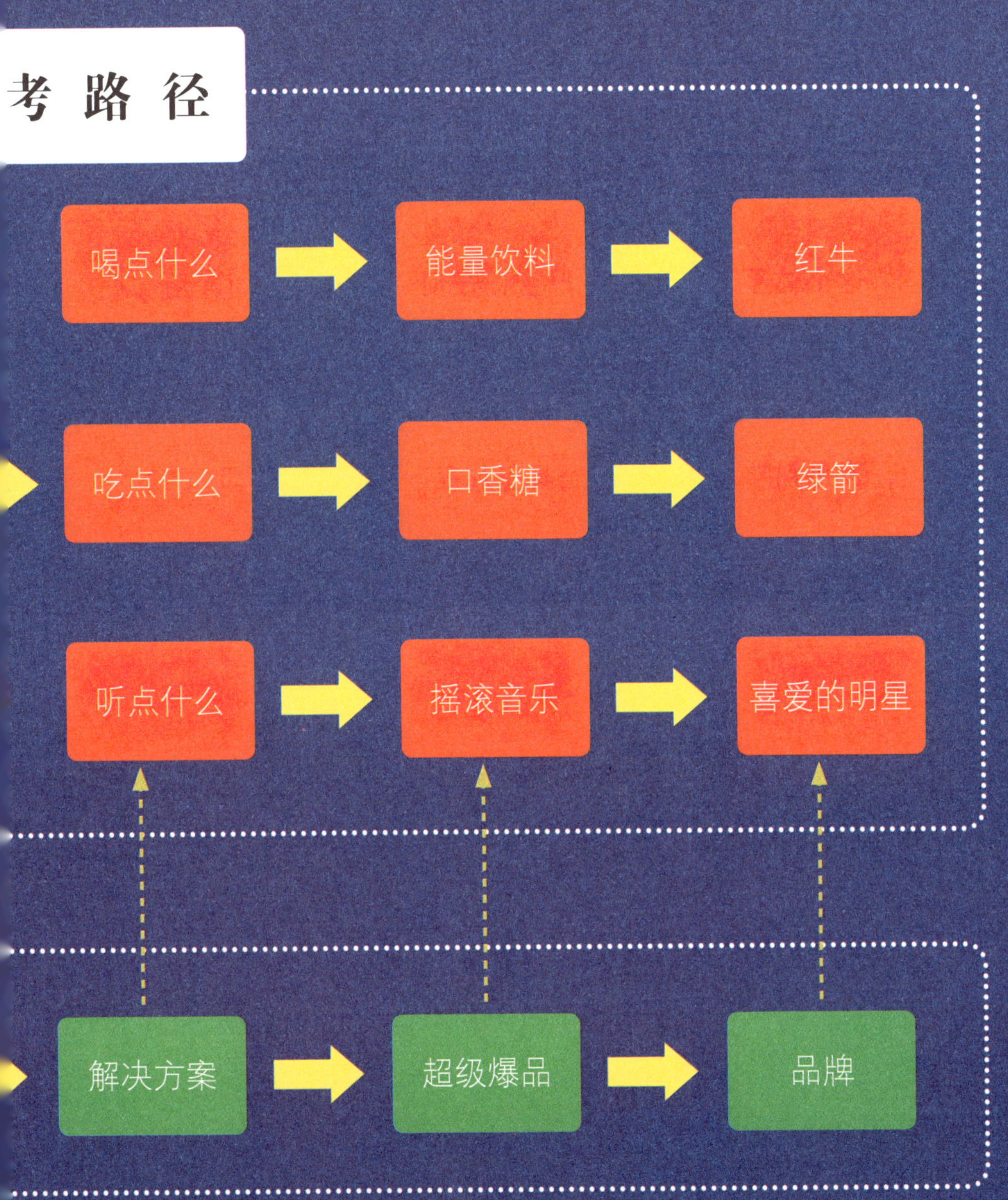

这个体系的逻辑非常严密，任何一个环节不通，用户就无法实现逻辑自洽，消费行为也就不会产生。因此，超级爆品的商业底层逻辑图不仅是开发爆品的推演逻辑图，也是判断一切产品是否具备爆品基因的检测工具。

超级爆品映射定律

刚刚我们讲到了用户消费行为的思考路径和商业逻辑。

细心的读者也许注意到了一个问题：消费者开长途车时，去超市一看到红牛顺手就放进了购物车，就像序言中我们的那位同事一样，可能根本不会耗时进行上述的逻辑推演。这又是为何呢？

要回答这个问题，我们得先讲讲巴甫洛夫的条件反射理论。

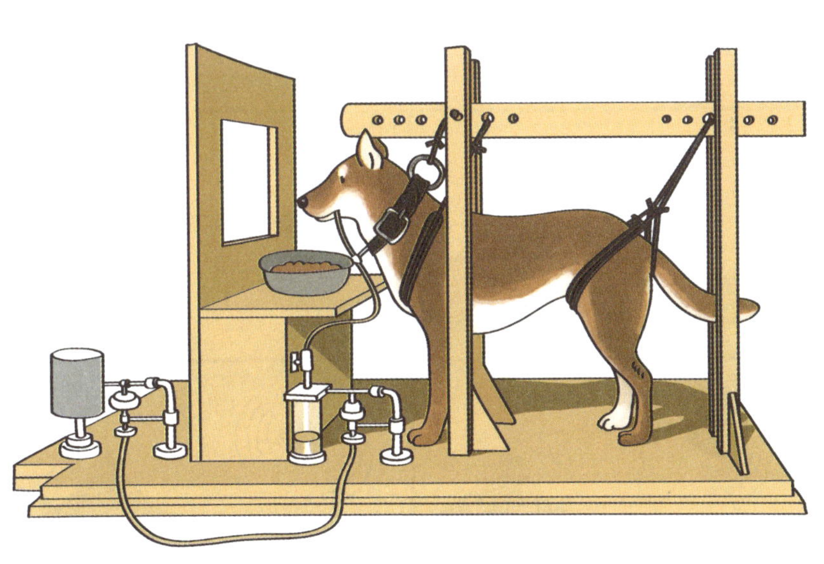

图3-3 巴甫洛夫条件反射实验装置

19世纪末期，俄国科学家巴甫洛夫进行了一系列的条件反射实验。

他给实验狗做了一个小手术，为它植入了一条导管，方便将狗分泌的唾液排到体外，用于实验观察。

等狗的伤口愈合后，巴甫洛夫开始给狗吃肉。狗每次一看到肉就流口水，流得一管子都是，这说明狗是健康的，具有“流涎反应”。

此后，巴甫洛夫每次给狗吃肉之前，总是先按蜂鸣器。时间一长，狗听到蜂鸣器的响声，就如同眼睛看到肉一样，也会出现“流涎反应”，即使这时没有肉也不受影响。

图3-4 巴甫洛夫条件反射实验的四个阶段

这和用户开长途车就买红牛有什么关系呢？

因为人也是动物，具有动物属性，红牛的广告就如同巴甫洛夫的蜂鸣器，让用户形成了条件反射——累了困了喝红牛。

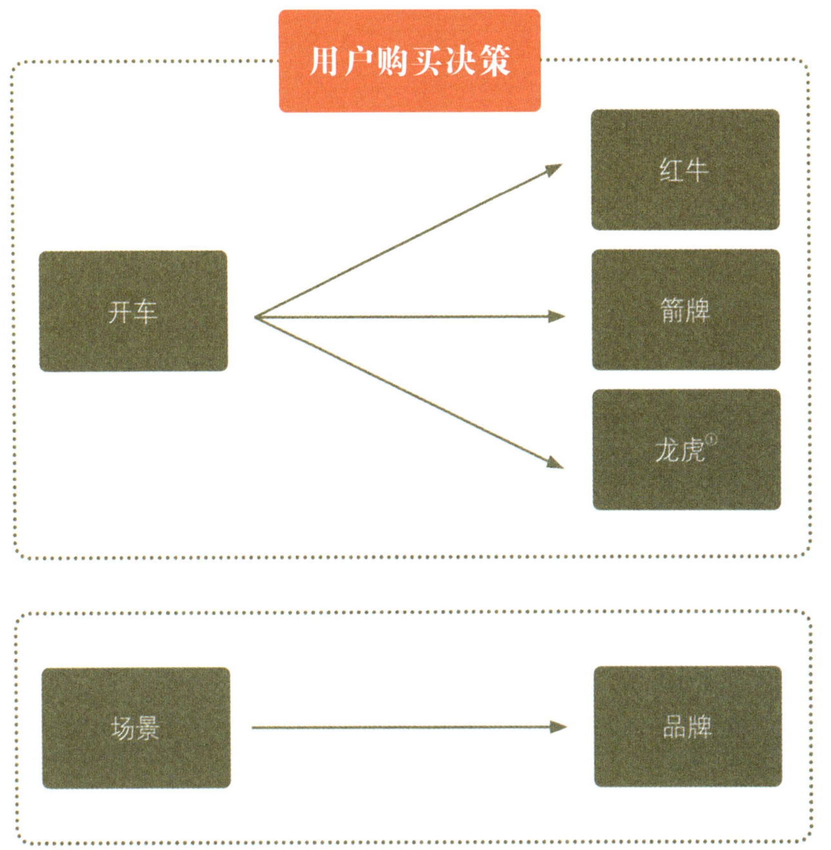

图3-5 从场景到品牌的条件反射关系示意图

① 龙虎，指龙虎牌风油精。

这一条件反射中，超级爆品就是肉，品牌就是蜂鸣器，用户就是狗的角色。

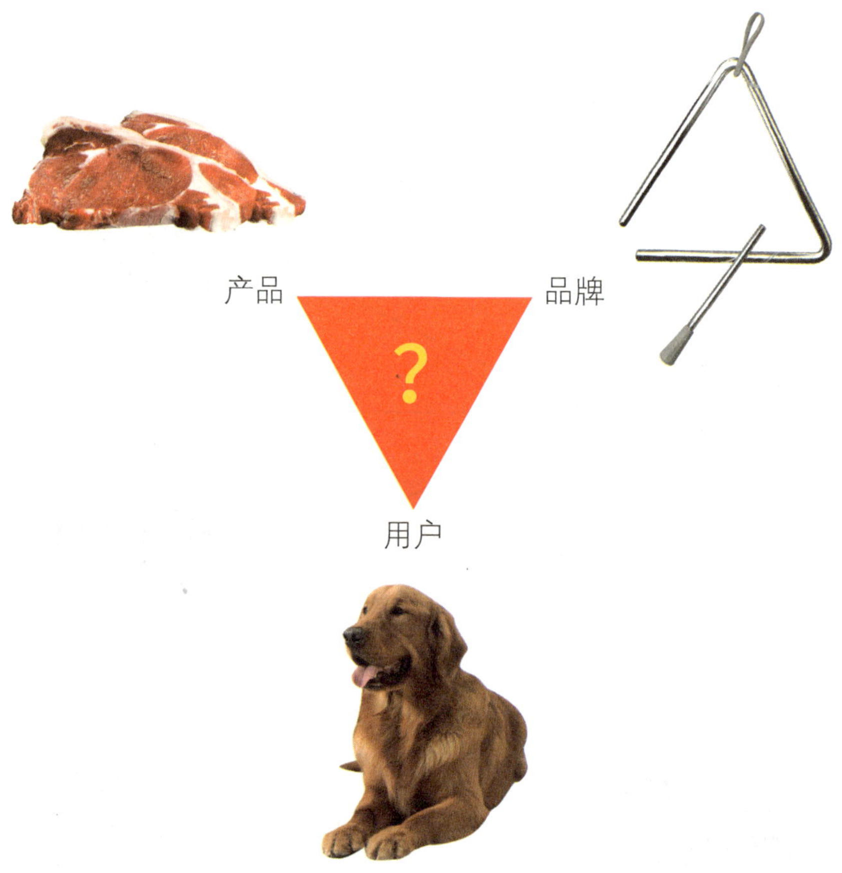

图3-6 消费场景与巴甫洛夫条件反射实验的对应关系

用户选择红牛，是因为具有抗疲劳的能量饮料中，大家最熟知的就是它。特别是那句“累了困了喝红牛”，早已深入人心。时间一长，品牌“红牛”和抗疲劳的“能量饮料”就形成了符号投射，这款能抗疲劳的能量饮料，成就了“红牛”这个超级品牌。

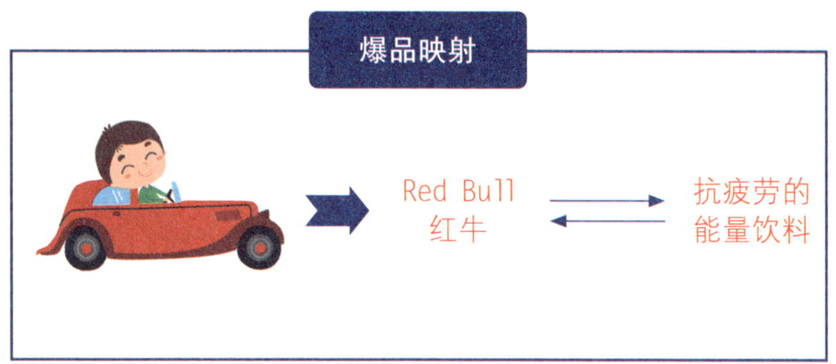

图3-7 以“红牛”为例的爆品映射示意图

当一款爆品让用户在具体的消费场景中，直接和品牌发生了映射，也就是第一时间使其想到了背后的品牌，这种运行原理，我们将它命名为“爆品映射定律”。

通过爆品形成的条件反射，
实现品牌与场景的强映射！

——冷启动“爆品映射定律”

如何打造超级爆品

知道了超级爆品映射定律，是不是就能打造超级爆品了？

理论上是的，但在具体实践上，还有很多问题需要解决。通过进一步解剖爆品映射逻辑图，我们可以发现其中的问题。

每一款超级爆品的出发点，其实都是用户生活场景下的一个核心痛点。找对痛点，满足需求，就把握住了打造爆品的机会。用户的痛点越痛，对应的需求就越强，强痛点往往能诞生强爆品，生死痛点往往能诞生超级爆品。

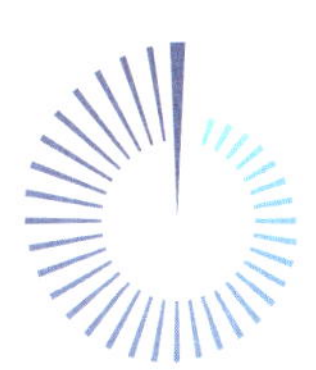

因此，要做爆品先要发掘用户的强需求点，然后围绕用户的核心需求，找到最优的解决方案，用最优解击败竞争对手后，用最好的呈现方式通过产品创意和品牌策划，让用户快速感受到产品的价值。

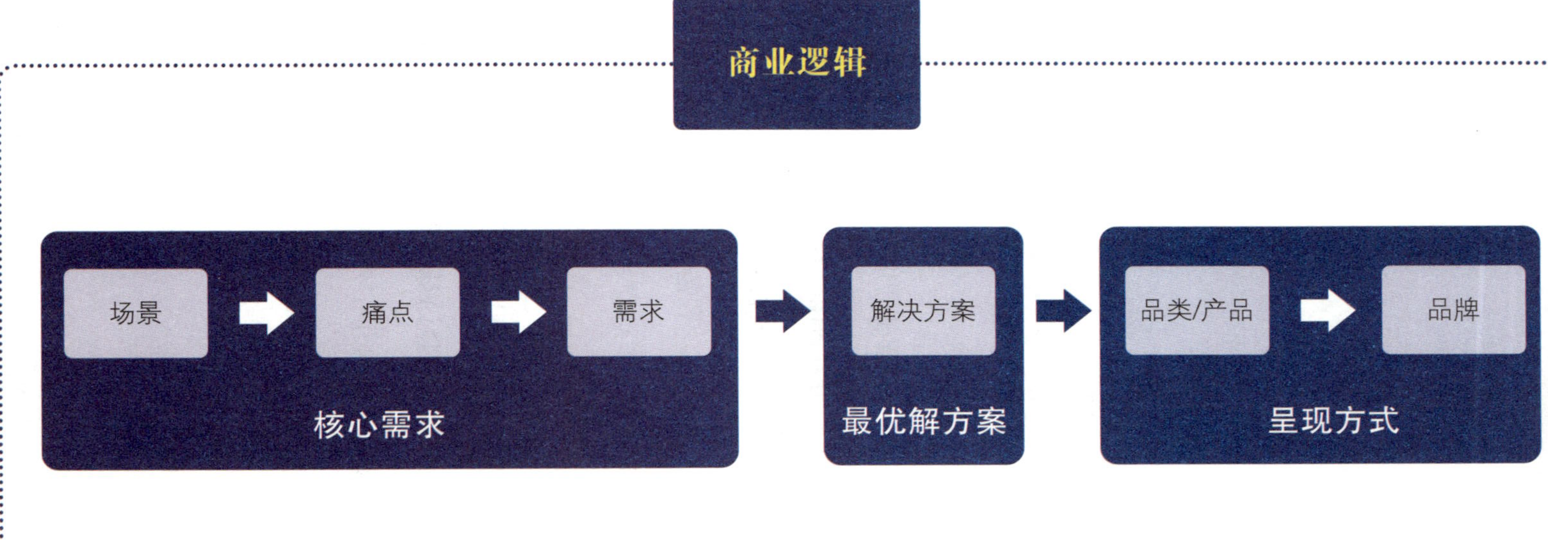

图3-8 打造超级爆品的商业逻辑示意图

进一步归纳总结，我们把爆品落地分为三步：

第一步，找到核心需求点，我们命名为“价值钉”；

第二步，找到最优解方案，我们命名为“价值定义”；

第三步，让价值能够得以呈现，我们命名为“可感知”。

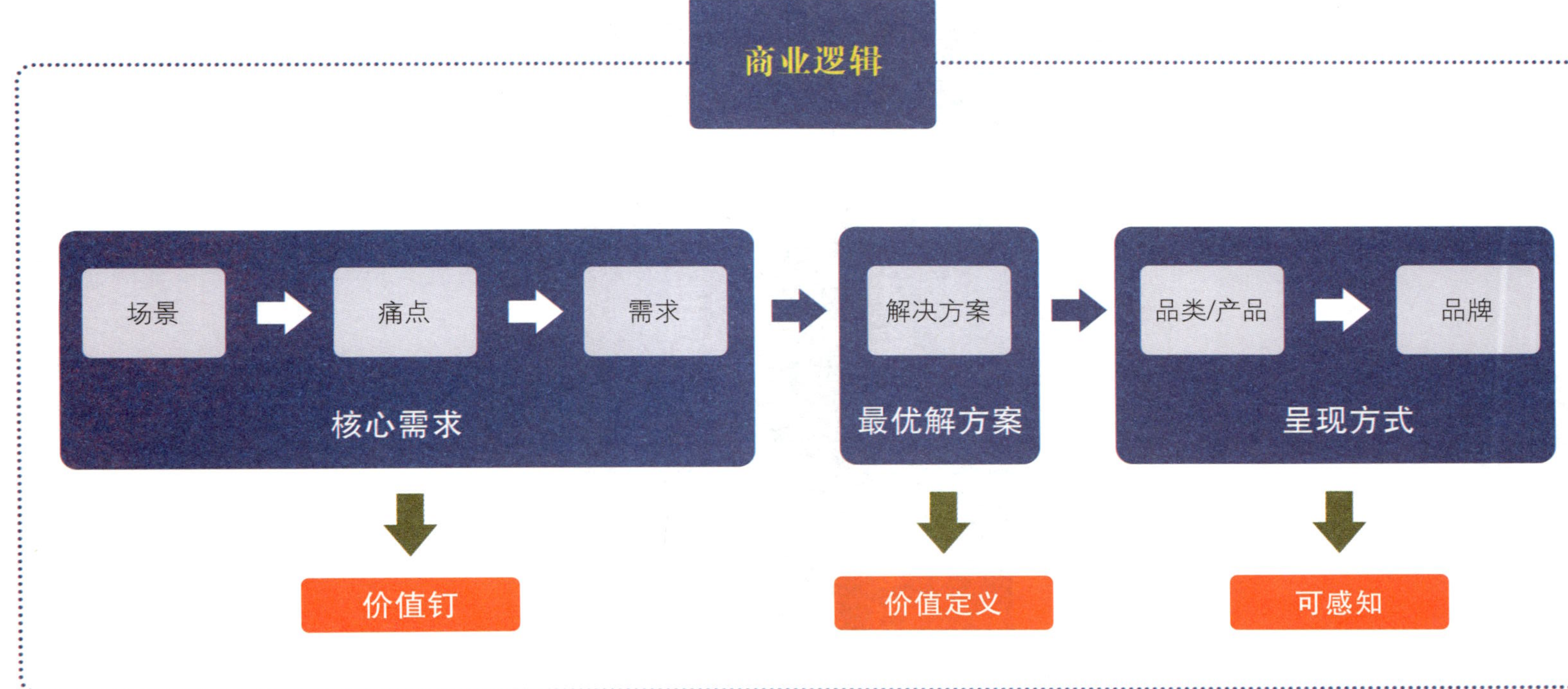

图3-9 爆品方案落地的三大关键步骤

我们设计了一个爆品三维模型，让大家能更好地理解这三个步骤。

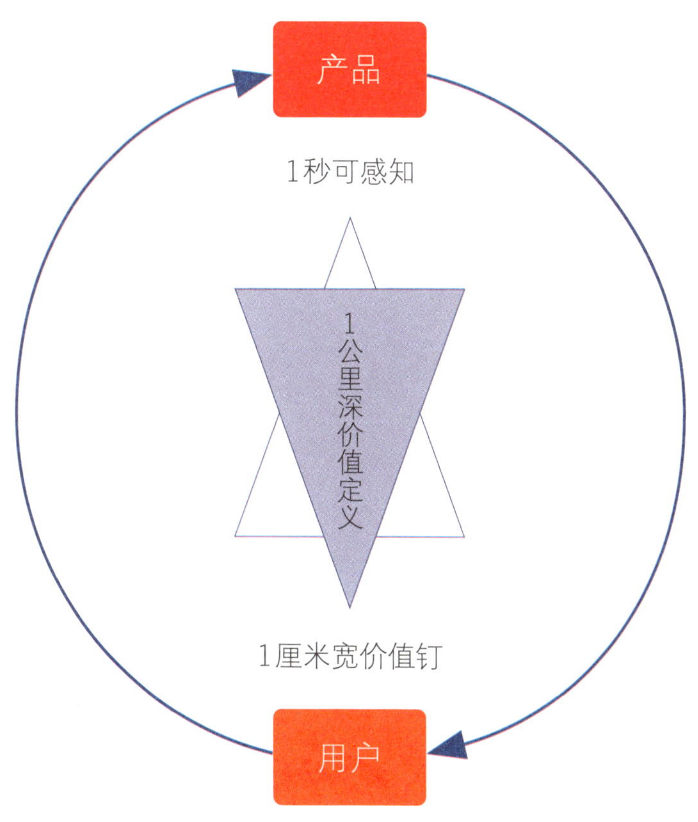

图3-10 超级爆品三维模型图

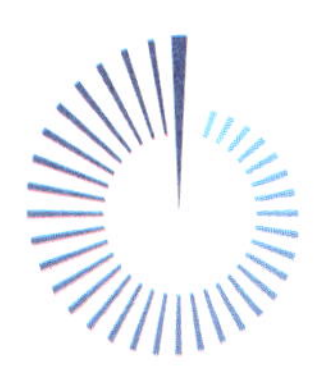

实操方法篇

“1厘米宽价值钉”——钉住用户的需求痛点

“1公里深价值定义”——围绕痛点做最优解方案

“1秒可感知”——你的好，让用户一看就知道

4

什么是“1厘米宽价值钉”

3MANG产品　49

一切为了生存　52

意识与潜意识　56

用户需求洞察　60

价值钉：钉住用户的潜意识　66

3MANG产品

有的产品看似很有创意，但是卖不好；有的产品，技术不错，用户需要，但也卖不好。通过多年分析，我们发现这些产品的背后有一些共同原因。我们把它们统称为“3MANG”产品——盲目、盲从、茫然。

（1）盲目自嗨型

有的企业，获得一种好的技术，或者发现一个新的需求，马上就研发一款新产品。这种产品，往往企业，特别是老板、研发人员很满意，但投放到市场，用户却没什么感觉，我们把这类产品称为“盲目自嗨型”产品。

我们有个学员就做了一款类似的产品。老板本身是一个技术大牛，他投入了很多资金，研发了一款冷水足浴盆。把脚放进这个加满冷水的盆里，盆底部的高科技装置会发出一种微波，这个微波能让人的体温升高，继而引起血管扩张，然后通过加速血液循环，让身体的很多疾病，尤其慢性疾病慢慢变好。

这个产品开发出来后，根本卖不掉，但老板就是对这个产品信心百倍，认为它具有颠覆性。洗个脚就能改变人类的体质，这是多么伟大的事业。

暂且不论背后的原理是否真有说的这么神奇，即便是真的，再伟大的产品，只要用户无感觉，用户不买也是无用产品。

（2）盲从跟风型

有的企业不愿意下本钱创新，或者本身不太懂创新，一门心思做跟风产品，什么火了就模仿什么。这种做法会得到一些小小的好处，比如开发产品特别快、风险小，但坏处也很明显：一方面，跟风的产品无法树立自己的品牌；另一方面，跟风产品只能吃到阶段性的时间红利，时效一过，红利消失，这种产品很快就会被淘汰。

比如，娃哈哈的非常可乐就是一款跟风产品，它抓住了可口可乐、百事可乐在乡镇农村市场的短暂渠道空白，高峰期一年销售好几十亿。但是，当“两乐”开始渠道下沉，也进入农村市场后，非常可乐很快就被淘汰出局了。

（3）茫然无感型

有的产品本身确实不错，用户也有需求，可用户就是感知不到产品的价值，甚至误解了产品的价值。

我们有个学员是做智能锁的，之前请了某咨询公司做策划，决定将一款新研发的产品定位为“云安全智能锁”，花了好几百万请某当红明星代言，并且在很多高铁站、不少城市的路牌上投放了广告。结果，这款产品一年的销售额还没有广告费多。

为啥这个产品卖不动？原因很简单，“云安全”这个概念，很多用户听不懂，对于其中的价值，用户是茫然无感的。即使把“云安全”向用户解释清楚了也没用，因为用户转身就去购买华为或者小米公司的智能锁了。

这样一剖析，问题就显而易见了。理解“云安全”这个概念的用户，可能会更信任华为或小米这类行业顶尖公司的技术。不理解这个概念的用户，这个产品可能都不会入他们的眼，更不用说花时间去听商家解释了。

就我们多年的观察来说，盲目自嗨型、盲从跟风型、茫然无感型这三类产品短期赚点利润也许还行，但要想引爆市场，可能性几乎为零。如何才能把一个产品打爆？这需要深度理解用户到底是如何思考和决策的。而要搞清这个问题，先得了解人类神奇的大脑结构与感知系统。

一切为了生存

如果把用两足行走的猿也视为人类，纵观人类约440万年的进化史，99%以上的时间都在求生存，现代智人的历史只有4万年左右，并且直到近代，人类才解决基本的生存问题。但是人类大脑的进化从440万年前就已经开始了，而且这种进化并不是为了寻求宇宙的真理，而是为了躲避危险、更好地寻找食物。

人为什么天生怕蛇、怕蜘蛛？因为进化的基因告诉我们，蛇、蜘蛛有毒，很危险。

为什么会有社会焦虑症？因为进化的基因让我们知道，群居会让生存变得更容易，离开社会独居很危险。感知系统也是根据这个逻辑进化的。

借助感知系统，人类可以获得五大类别的感觉：视觉、听觉、嗅觉、味觉、触觉。凭借它们，人类开始认识这个世界。不过，人类获得的感觉，与真实的世界是不是一回事呢？还真不一定。

先说说我们的味觉。以“水果是甜的”这种感觉为例，它是不是真实客观的存在呢？其实，我们能吃出水果的甜味，仅仅是因为把水果里面含有的糖分识别为甜味，便于判断哪些果实熟了能吃、好吃。

不过，米、面中同样含有非常高的糖分，为什么却吃不出甜味？那是因为跟食用果实相比，人类食用米、面的历史仅有区区几千年，我们的味觉系统还不能识别其中有益于人体的能量物质，并且产生味觉感受。简单点说，就是还没进化到这个程度。

再说说嗅觉。人能闻出炖肉的香味，也是生存进化的结果。肉中含有大量脂肪，而等量的脂肪可比碳水化合物提供更高的能量。人类需要这种能量，于是把肉的味道识别为诱人的香味，然后在本能作用的影响下，吃掉它。人类之所以能识别酸甜苦辣香臭等味道，都是以获取能量为目的，通过亿万年的进化而形成的结果。

说了这么多，你们可能会问，我现在知道人类感知系统的进化是为了更好地生存了，但这跟商业营销有什么关系呢？

关系大了。因为用户其实不关心你的企业怎么样，用户只关心这个产品能不能真正给他带来帮助。关键的地方来了，用户判断“有没有用”“好不好”的标准，没那么严谨，绝大部分用户都不会像搞科研那样逐条判断、分析，感觉对了，用户就买了。这个“感觉”从哪里来？就是从视觉、听觉、嗅觉、味觉、触觉中来。给用户的感觉越多、越到位，就越容易成交。

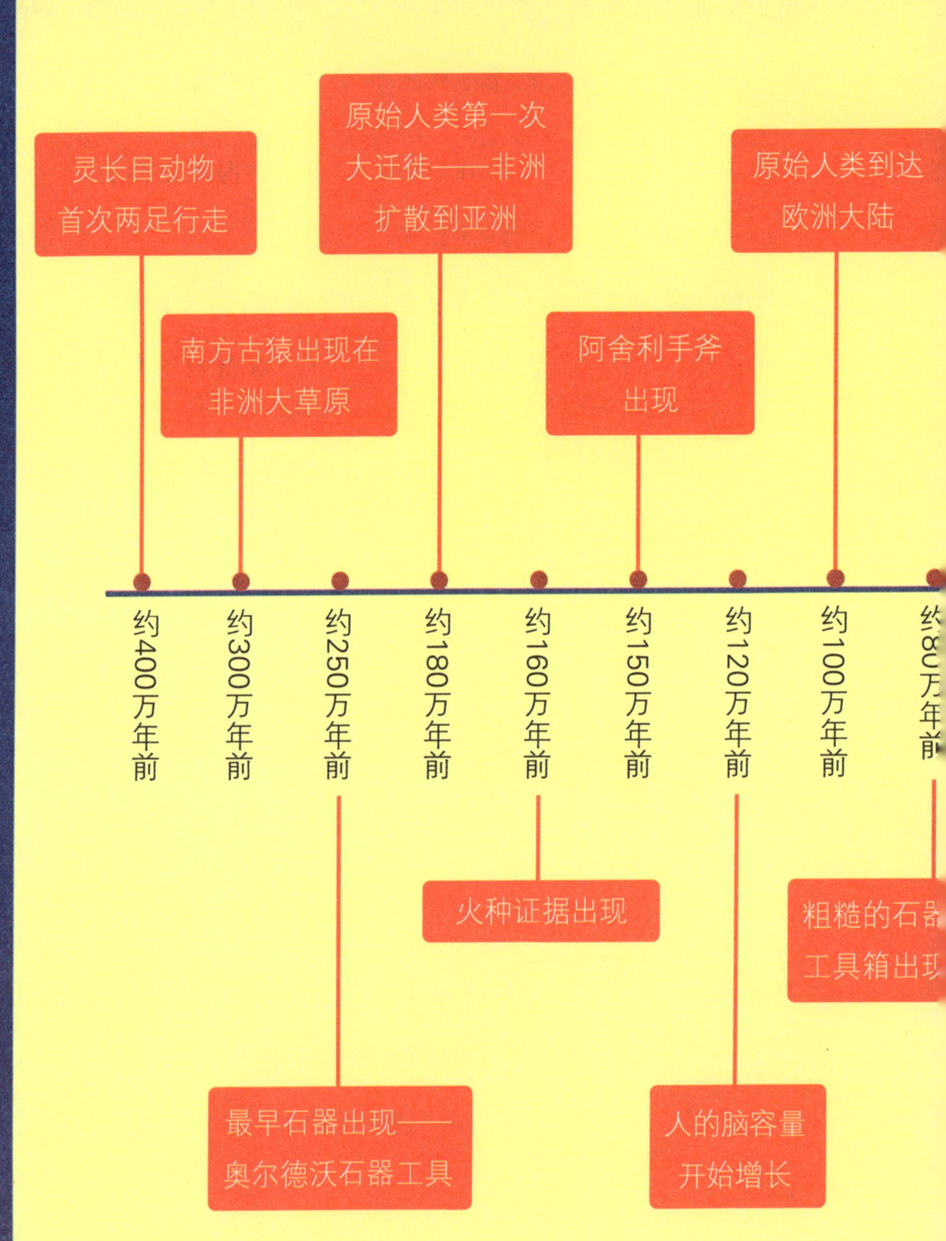
灵长目动物首次两足行走
约400万年前
南方古猿出现在非洲大草原
约300万年前
最早石器出现——奥尔德沃石器工具
约250万年前
原始人类第一次大迁徙——非洲扩散到亚洲
约180万年前
火种证据出现
约160万年前
阿舍利手斧出现
约150万年前
人的脑容量开始增长
约120万年前
原始人类到达欧洲大陆
约100万年前
粗糙的石器
工具箱出现
约80万年前

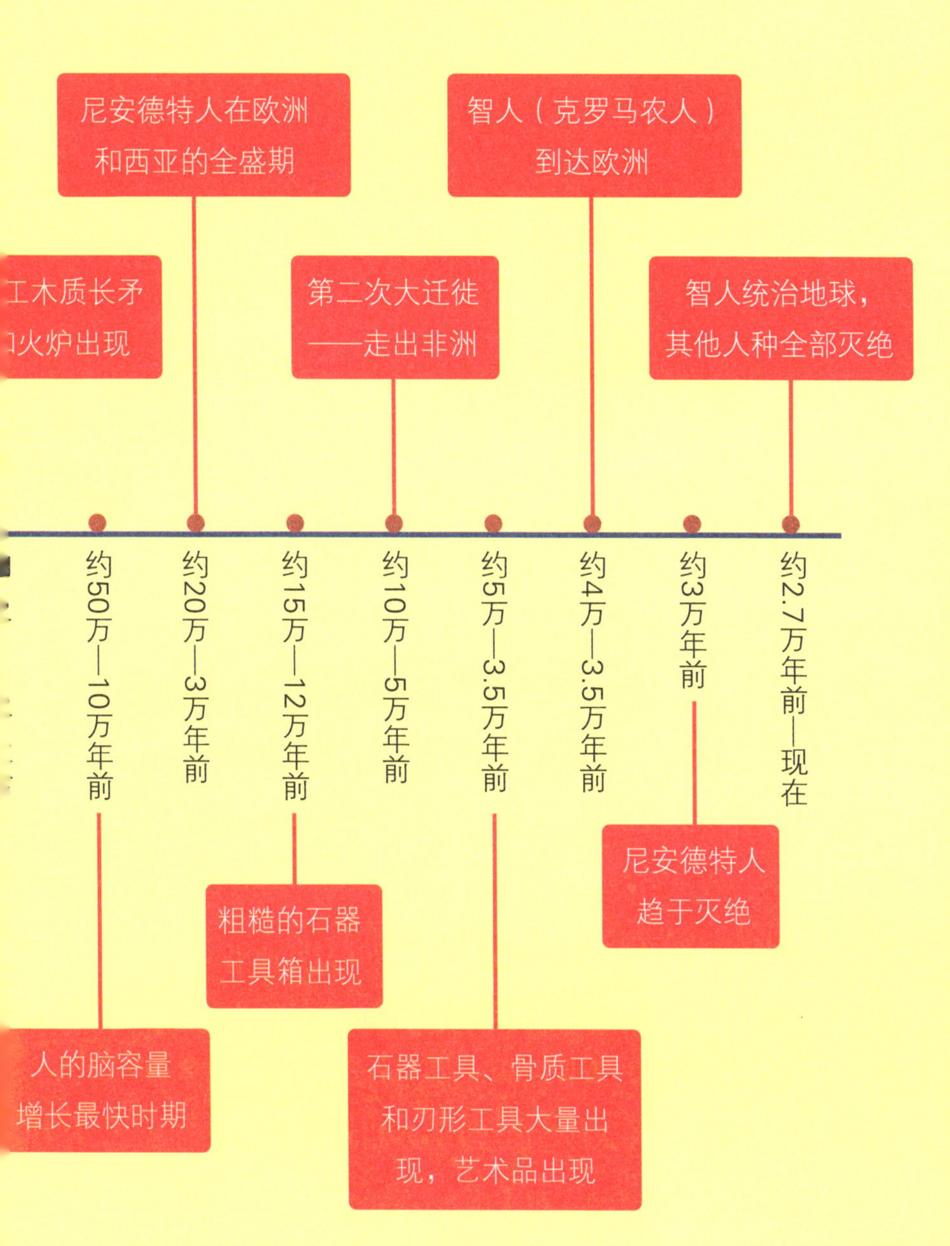

尼安德特人在欧洲和西亚的全盛期
智人（克罗马农人）到达欧洲
工木质长矛
火炉出现
第二次大迁徙——走出非洲
智人统治地球，其他人种全部灭绝
约50万—10万年前
约20万—3万年前
约15万—12万年前
约10万—5万年前
约5万—3.5万年前
约4万—3.5万年前
约3万年前
约2.7万年前—现在
尼安德特人趋于灭绝
粗糙的石器工具箱出现
人的脑容量增长最快时期
石器工具、骨质工具和刃形工具大量出现，艺术品出现

意识与潜意识

稍稍留意一下市面上各种产品宣称的价值，不难发现有的产品价值很好感知，有的则很难感知。为什么会这样呢？这就得说一说人脑中的意识系统了。

意识系统会对感知系统所获取的信息进行加工处理。人脑每30秒处理的信息量，超过哈勃望远镜30年处理的信息量。连续处理这么大的信息量，我们的大脑为何没被累垮？这得益于人脑进化出的两大信息处理系统——潜意识系统与意识系统。

潜意识系统让我们形成条件反射，快速做出决策，从而更好地生存。意识系统能帮助我们学习、理解、分析等，从而更好地认识世界。这两大系统相互作用，一起帮我们处理从感知系统传来的信息。其中，超过95%的信息被潜意识系统处理了，只有不到5%的信息会进入意识系统，让我们形成信息感知。

举个例子，从家里开车到办公室，一路上会见到无数的广告牌和店招广告，它们都进入了我们的视网膜，但到了公司，脑海中还能留下印象的，可以说是微乎其微。一堂课中，老师可能讲了十几个知识点，下课之后，大部分学生都只能完整回忆其中的几个，而且每个人回答的结果各不相同。

为什么输入同样的信息，由大脑意识系统输出的结果却千差万别？这就需要了解意识和潜意识这两大系统是如何交互工作的。

首先，感知系统会将外部传来的图像、声音、触感、味道等信息，全部传给潜意识系统。

然后，潜意识会将接收到的信息与储存的过往经验进行对比，依据跟生存的紧密程度，自动自发地高速处理。

与生存强相关的信息，潜意识系统会立刻工作，指挥我们的身体做出反应。例如，在大街上突然听到有人大叫“救命”时，人就会立刻紧张，并且做出要逃跑的准备；开车时，前方突然窜出一个人影，人会下意识地踩一脚刹车，并吓出一身冷汗。

如果接收的信息与生存弱相关，甚至不相关，潜意识系统就会把它们交给意识系统去判断。例如，看见一件自己喜欢的衣服，我们会驻足观察，然后由意识系统进行分析。如果钱包有点紧张，那就遗憾地放弃；如果钱不是问题，那就去试一试衣服。

所以，当用户接触到你的产品时，他的潜意识系统会先判断，这款产品是否跟生存相关。如果跟生存强相关，进一步产生购买行为的可能性就更高。如果与生存弱相关，就会交给意识系统去判断，这个结果就因人而异了。

因此，要做好一个产品，必须吻合大脑运行的逻辑。如果产品本身确实跟生存强相关，就要放大这个特点，让大脑快速感知这个产品和生存的关联性，从潜意识层面促成购买。但毕竟不可能所有产品都跟生存强相关，这些产品怎么办？

这是我们下一节将要讲的内容。

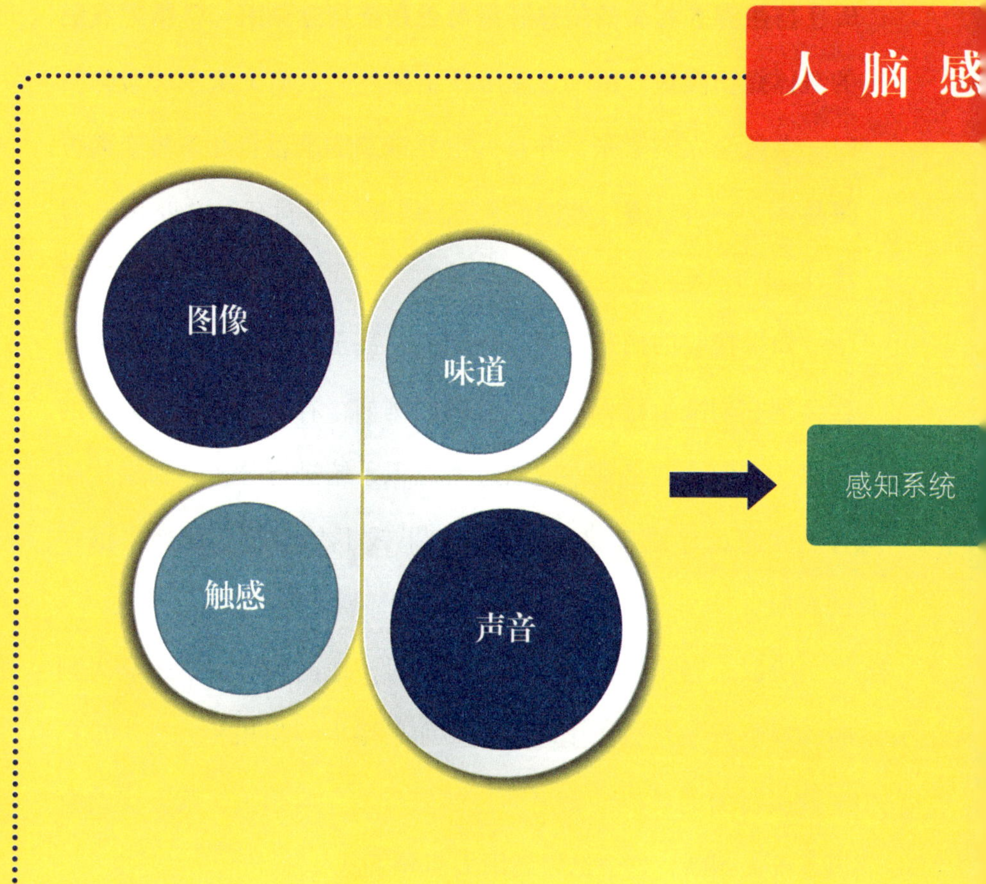
人脑感
图像
味道
触感
声音
感知系统

知 模 型

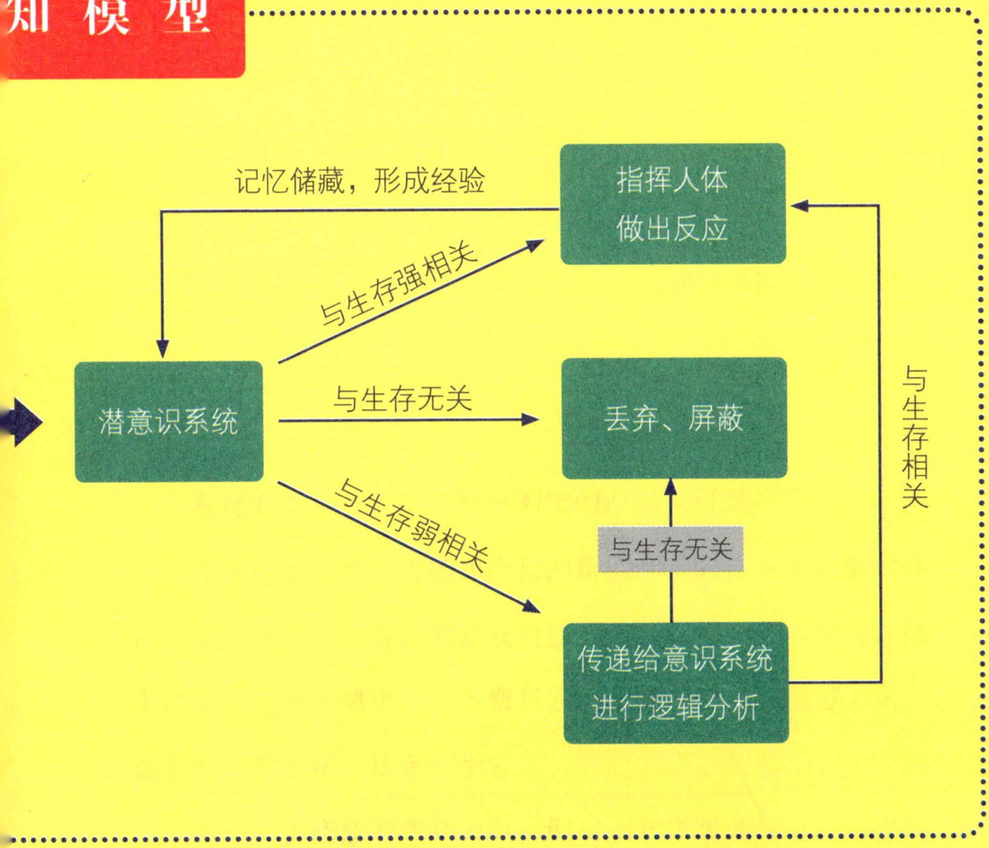

记忆储藏，形成经验

指挥人体
做出反应

与生存强相关

潜意识系统

与生存无关

丢弃、屏蔽

与生存弱相关

与生存无关

传递给意识系统
进行逻辑分析

与生存相关

用户需求洞察

要想做出一款让用户潜意识产生反应的产品，最好从人的生存需求入手，做进一步探讨。但生存是人的需求之一，不是唯一。不可能所有的产品都跟生存强相关，但都可以跟具体的其他需求强相关。

讲需求就不得不讲马斯洛的需求理论。这个理论一共分为五个层次，从下到上分别是：生理需求、安全需求、爱与归属的需求、渴望被尊重的需求、自我实现的需求。

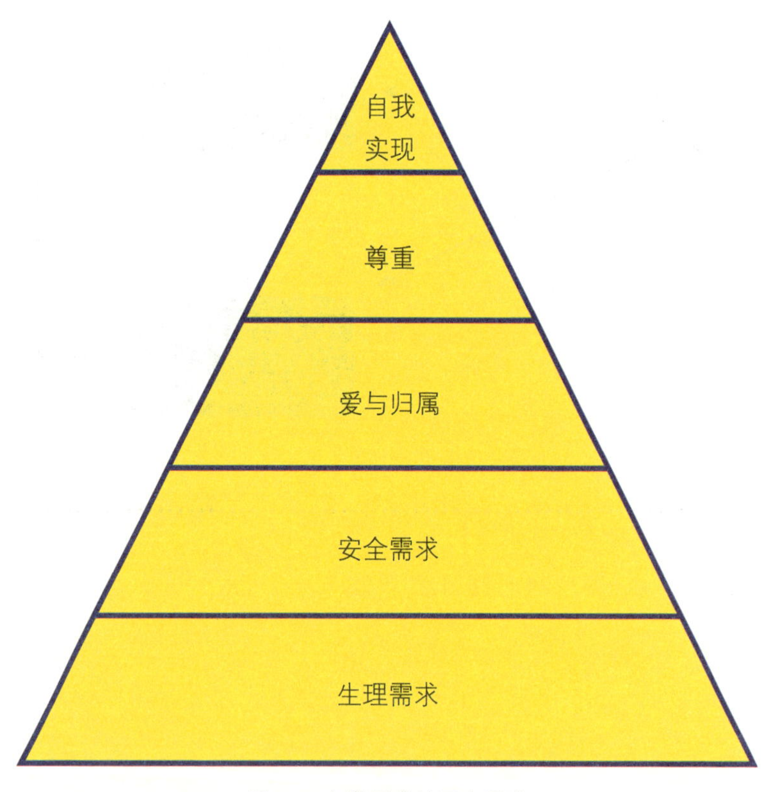

图4-1 人类需求的五个层次

我们以人为中心，把马斯洛的需求再进一步归类，可以分为三类核心需求。

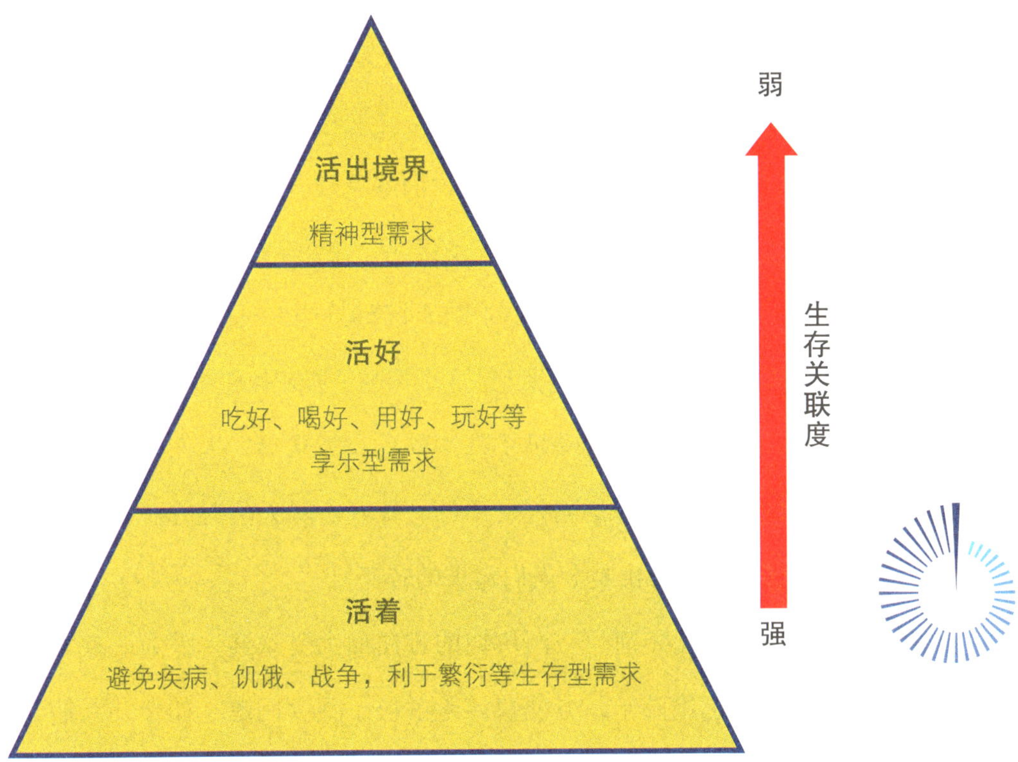

图4-2 人类的三大核心需求

最底层的需求是活着，包括避免疾病、饥饿，利于繁衍等生存型需求；中间层的需求是活好，包括吃好、喝好、用好等享乐型的需求；最高层的需求是活出境界，这是精神层面的需求。需求越底层，与生存的关联度越强，越容易进入潜意识层面。

接下来我们逐层来看。

首先是活着。活着就是跟生存直接相关，产品打算围绕这一需求做文章，就得想办法把产品的功能，转化成用户的生存价值和利益，并且让用户能切实感受到。

曾经有一个“55℃杯子”，它的功能就是让杯中的水快速降温。快速降温意味着能让我们避免被开水烫伤，这是潜意识层面的认知，而且“55℃”的名字，能够让人很快明白，这个杯子的作用就是把100℃的水快速降温到55℃，而55℃是一个可以安全饮用的温度。因此，这个产品一推出来就非常火爆。

接着是活好。满足了基本的生存需求后，人们开始追求更好的生活，吃好、喝好、用好、玩好。从人们对方便食品的需求转变就能看出当今人们需求的转变。

二三十年前，一两块钱的方便面大受欢迎，因为一盒方便面就能填饱肚子，方便快捷地解决了生存问题。如今，人们不再满足于吃饱，哪怕是方便食品也希望能吃得更好一些。于是，十几元、二十几元的方便食品如雨后春笋一样冒了出来，拉面说之类的品牌也就借机脱颖而出。

最后是活出境界。活出境界就是要活出自己的理想，活出自己的精神价值。要满足客户的精神需求，就要突出产品能给用户带来什么精神价值。

江小白，上市打的就是年轻人的生活情怀，用大量文案引发年轻人的共鸣，效果很好。但要注意，如果一个产品无法满足用户活着或活好的底层需求，就想着满足用户的精神需求，这样的产品将走不远。还是举江小白的例子，如果用户认识不到这是一瓶好酒，诸如“江小白酒质不够好”之类的声音此起彼伏，这就会对江小白的发展造成巨大阻碍。这个问题不解决，江小白很难再上新的高峰。

说了这么多，一款产品到底该满足用户的什么需求才好呢？这还得回到产品本身能提供的价值上来，以及它能跟用户需求做怎样的适配。

从品类发展这个角度来看，新品类产品往往在初期需要匹配“活着”的生存需求。随着品类的壮大和产品的普及，逐步升级迭代到“活好”的需求。到品类成熟期，再进一步迭代到“活出境界”的需求。

从产品的技术含量来看，高技术产品要更偏向“活着”与“活好”的实用型需求，毕竟你的产品技术已经能让用户得到完全不一样的体验了，实用型需求也能得到满足，这就会极大地引起用户的兴趣。低技术产品的价值，大部分用户其实心中有数，也很难做出什么实质性的差异，反而可以考虑“活出境界”的精神需求。

日本有个卖豆腐的企业，他家的豆腐跟市场的其他豆腐大同小异，销量曾一度平平。后来，这家公司做了一项创新，把豆腐和男子汉精神结合起来，重新取了一个名字——男前豆腐。每一块男前豆腐，都有一个男子汉精神的主题，还做了一个猫王的IP形象。豆腐还是那个豆腐，原料、配方都没变，就是突出了精神价值，价格涨到了以前的三倍，结果男前豆腐很快就卖火了，高峰时期一年的销售额达到了50亿日元。

从产品的档次来看，高端产品更偏向满足精神需求，体现精神上的价值；大众产品更偏向满足生存需求，体现实用价值。比如，奢侈品包、顶配汽车、高端服装，这些产品带有很强的身份象征，产品在技术层面几乎已达到最高，堆叠在一起的各种功能价值，用户已经难以分辨，这时不妨在满足精神需求方面做一做文章，可操作空间更大，效果更好。像劳力士这样的手表，根本不需要跟用户讲什么工艺、技术。戴劳力士手表的人，真的是为了看时间吗？显然不是，用户希望通过戴劳力士，满足领袖、地位层面的精神需求。大众产品想从精神价值层面撬动用户的潜意识会很难。比如，智能手表这样的产品，更适合在产品功能上下功夫，用更好的品质，让用户在潜意识层面认可它。

总结：产品的价值能否打动用户，底层逻辑来自大脑的感知模型，与生存强相关的需求更能触动用户。产品类型不同，所处的阶段不同，产品要满足的需求也有所不同。

价值钉：钉住用户的潜意识

前面说过，商业的终极目标是让品牌和消费场景产生映射，映射背后的逻辑是用户的潜意识对产品产生条件反射。那么怎样做，产品才能对用户的潜意识产生影响呢？

要让潜意识形成条件反射，就必须让潜意识对传递的信息足够感兴趣，并认为这一信息对生存有帮助，愿意接纳该信息并存储起来，以备下一次的信息调用。

超级爆品的三维模型，就是依据映射定律的底层逻辑和潜意识对信息的处理规则总结而成的，有助于让用户对超级爆品高效精准地形成条件反射。

一款产品可能有很多个吸引用户购买的点，相当于“诱饵”。我们把其中能引起用户潜意识注意的“最强诱饵”称为“价值钉”。不过，要找准一款产品的“价值钉”并不容易，难以识别的“价值钉”、错误的“价值钉”，都无法引起用户的潜意识注意，后面的条件反射行为也就无从说起。

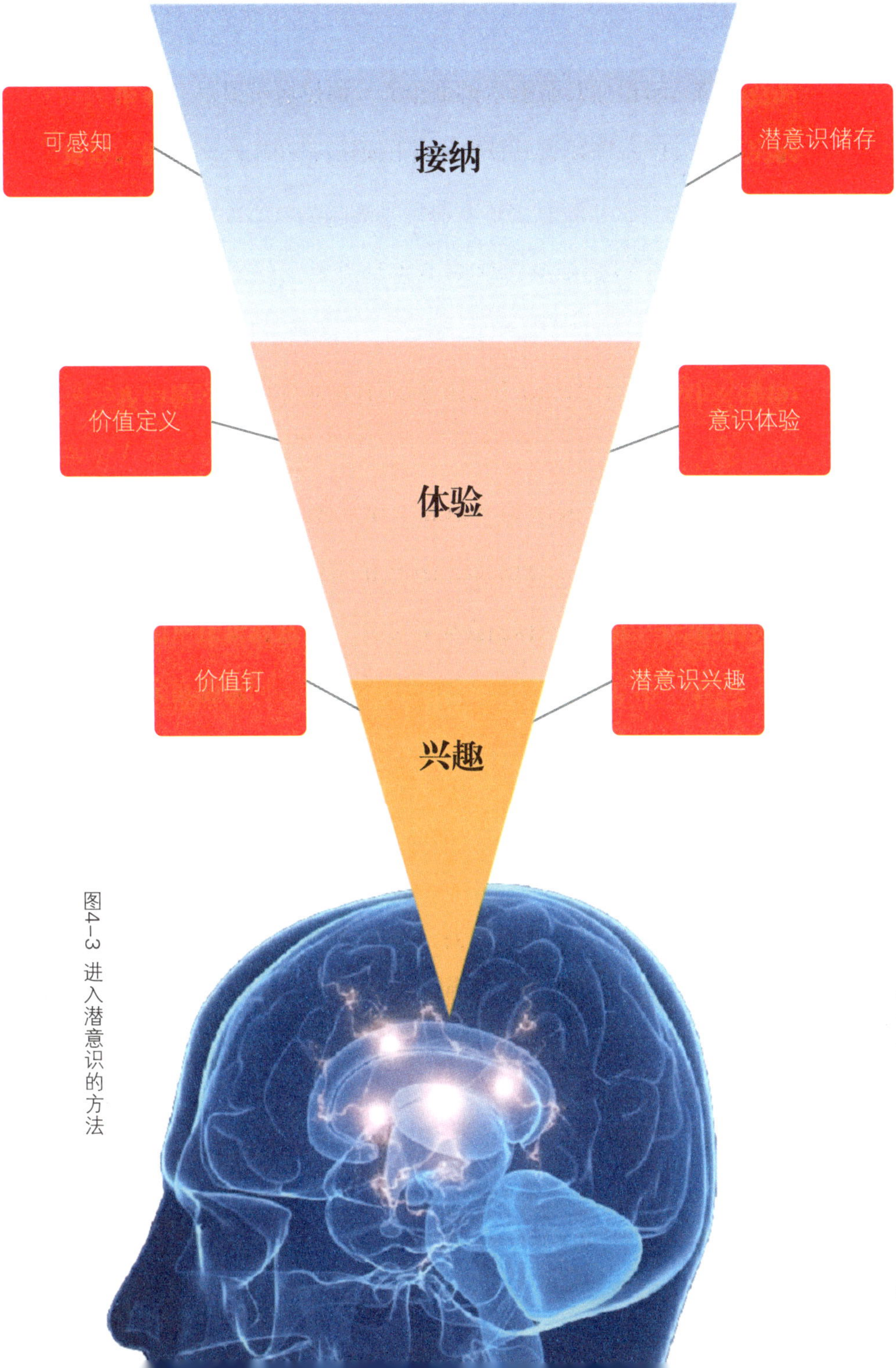

接纳

可感知

潜意识储存

体验

价值定义

意识体验

兴趣

价值钉

潜意识兴趣

图4-3 进入潜意识的方法

我们先来看两个反例。

健力宝曾经推出了一款名叫“第五季”的饮料，试图通过这个新概念让消费者产生共鸣。但是，第五季是什么季？没人知道。这样的新概念，别说潜意识无法识别，就连我们的意识系统也很难在逻辑上理解。毫无疑问，这样的创意难以触达潜意识系统。这是“第五季”饮料热闹上市、草草收场的一个重要原因。

市面上还有一款名叫“消消火”的饮料。这个名字其实取得好，让人一听就能感知，就是不该用像灭火器的罐子做包装，太容易让潜意识误判了。灭火器能灭火，但里面的东西对人体有害，这是消防教育深入人心形成的潜意识，虽然包装新奇，但大部分消费者会因为潜意识的作用，忽视、误判，甚至抗拒这款产品。

由此可见，“价值钉”诱饵如果无法唤醒潜意识，产品的销售就要付出巨大代价。

关于“价值钉”，我们还加了一个定语——1厘米宽。

为什么是“1厘米”宽的价值钉，而不是“1公里宽”的价值钉？价值钉越宽、越大，不是越容易引起潜意识注意吗？

解答这个问题，得回到第一章谈到的信息大爆炸。现在是信息泛滥的时代，要让一个人的潜意识，在泛滥的信息中发现某条信息，并且这条信息刚好还能引起潜意识注意，这本身就是非常困难的事情，跟大海捞针差不多。此时，如果我们同时向用户传递产品的多个价值，反而会降低传播的效果，因为多个价值信息同时输入，潜意识很难判断它们到底有没有用。用户的精力和耐心都是有限的，不要指望用户此时坐下来，耐心地听你分析。潜意识一旦判断不了，用户直接会将这些都视为垃圾信息，然后置之不理。

正确的做法，是找到最容易引起用户潜意识反应的那个价值钉，聚焦在这个点上打穿、打透，让传播更高效、持久，让更多人的潜意识产生兴趣。因此，价值钉不在于宽和大，而在于精，“1厘米宽”就足够了。

5

如何寻找“1 厘米宽价值钉”

价值钉“三角焦点法” 72

骆驼奶粉：新品类的打法 76

永磁同步电机：卖不动，问题未必出在价格上 78

品择金属木饰面：精准洞察需求，扭转市场困局 80

无论什么行业，无论什么产品，要想畅销，首先必须找到“1厘米宽价值钉”。

价值钉“三角焦点法”

如何才能找到一款产品的价值钉？我们研发了一款简单好用的工具——三角焦点法。具体说就是：洞察用户需求、找到对手弱点、结合自身优势。同时满足这三项的价值钉，才是真正的1厘米宽价值钉。

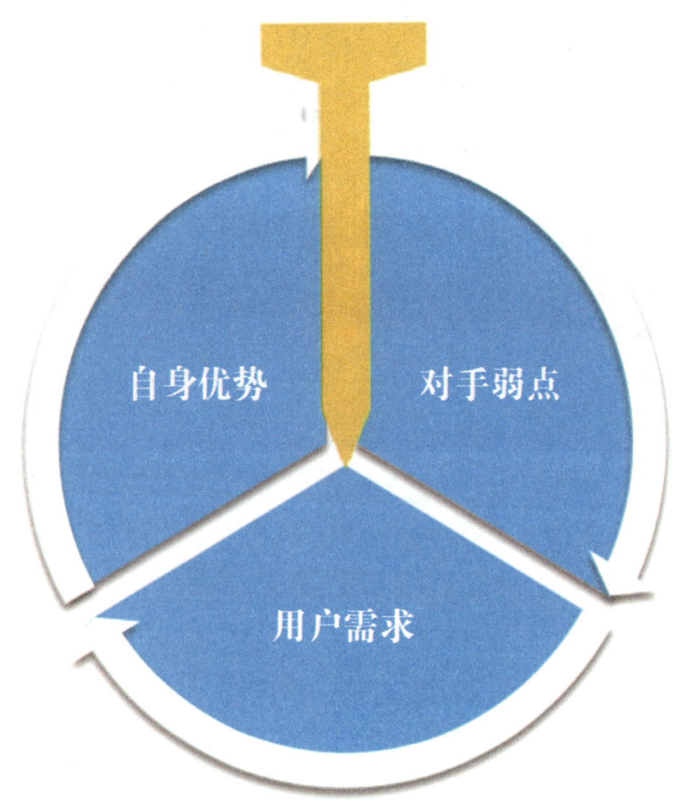

图5-1 1厘米宽价值钉要“钉住”的三个要素

（1）用户需求

洞察用户需求前，先要明确核心用户的画像。不同的用户群体，需求可能截然不同，不对核心用户精准画像，很难弄清真正的用户需求。有的企业家不明白这样做的意义：我的产品明明很多人都适合，为何非要做人群划分呢？这不是主动放弃了更大的市场吗？

我们先看一个案例。我们有个学员是做100%纯樱桃汁饮料的。樱桃汁什么人都能喝，所以不少人认为做不做核心用户画像都行。这家公司最开始就没做，然后想当然地找了很多卖点，比如能补充铁、花青素、天然维C，还能帮助睡眠等。结果，这个产品卖不动。原因就是，这款产品想满足所有人的需求，结果是所有人都不买。

假如换个思路，这款樱桃汁只选定一个群体，再锁定该类人群最需要的功能，会不会有不一样的效果呢？比如，锁定对美容有需求的都市白领女性，价值钉定为养颜，重点传播樱桃养颜方面的内容：樱桃里天然维C、花青素等营养成份含量高，每天早上来一瓶，用一瓶护手霜的钱滋养全身皮肤。从这个维度撬动目标用户，效果肯定比全用户覆盖更好。

当然，食品不能直接宣传功能，以上说法只是逻辑推演举例。

因此，洞察价值钉，先要明确核心用户的痛点和需求，找出最容易引发潜意识兴趣的需求点。至于用户需求的逻辑，前面已经说过，这里不再赘述。

（2）对手弱点

要想了解对手的弱点，先要对对手进行画像，尤其是产品的第一竞争对手。

很多企业老板经常对我们说："老师，我这个产品是独家研发的，没有竞争对手。"

其实，任何产品都有竞争对手，只是新品类的竞争对手往往容易被人忽略。汽车刚出来的时候，它的竞争对手是谁？是马车，因为汽车替代了马车。

劳斯莱斯的竞争对手是汽车吗？未必，可能是游艇和私人飞机。

何为竞争对手？能替代谁，谁就是竞争对手。因此，新品类往往是跨品类替代，成熟品类才是品牌间替代。

明确对手后，就要研究对手满足用户需求的解决方案是否完美，看看有没有升级、迭代或替代的空间。对手方案中的不完美就是对手的弱点，也就是己方产品的机会点。

需要注意的是，判断对手的解决方案是否完美，主要是看针对核心用户人群画像是否完美。对绝大部分手机用户来说，苹果手机给出的解决方案，包括使用体验、操控等，在当下都是非常完美的，但针对老年人却不太友好，还有很大的优化空间。假如你是做老年手机的企业，完全有机会以老年群体用户为核心，开发出一款更有针对性的智能手机。

（3）自身优势

找到核心用户的需求，弄清第一对手的弱点之后，就要发挥己方产品的优势了。

像依靠技术优势、工艺优势等取得领先的品类，就要让用户清晰感知产品领先在什么地方。拍照更强大的手机、能根治某种疾病的药物等，哪里领先说哪里，要讲清楚。非技术型品类就不一样了，它们的技术空间很小，例如饮用水，无论水源还是工艺，品牌间的差异化并不明显。这时就要从用户的感知角度出发，营造用户能感知、认可的产品优势。农夫山泉就是一个典范。“我们不生产水，我们只是大自然的搬运工。”天然、健康的优势浓缩在一句话里，用户一看就懂。

综合核心用户的核心需求、对手的弱点，以及自身的优势，我们就能找到“1厘米宽价值钉”。

接下来一起看几个学员的咨询案例，看看我们是如何寻找“1厘米宽价值钉”的。

骆驼奶粉：新品类的打法

我们有一个做纯骆驼奶粉的学员，他们介绍自己的产品时，说产品很好，但又说不清具体好在哪，一会儿说很多慢性病患者吃了之后，身体有好转；一会儿说中老年男性吃了之后，反馈很好；一会儿说孕妇吃了之后，生下的宝宝体质特别好。

市面上很多产品都跟这款产品一样，没有锁定核心用户，也没有价值钉。这款产品在熟人之间卖一卖，口碑还不错，也开过专卖店，但要把它卖给陌生用户，非常难，原因就在于产品价值和用户需求没打通，缺乏价值钉，既没有钉住用户，也没有钉住对手，自身优势也没发挥出来。

我们使用“三角焦点法”认真研究了这个项目。

通过洞察用户需求，我们确定奶粉的主要消费对象是婴幼儿和中老年人，其中婴儿主要消费配方奶粉，不能食用纯奶粉。纯奶粉的主力消费群是中老年人，这个群体有个特点——身体状况普遍不好，容易得慢性病，其原因在于，人体的免疫功能受年龄增加、不健康饮食、不规律作息、缺乏锻炼等因素影响逐渐下降。由此可见，这个群体有个很大的需求——提升免疫力。

通过洞察竞品我们发现，骆驼奶粉还是一个新品类，它的竞品来自别的品类。当时，市场上销量最大的中老年奶粉还是以牛奶为主，市场规模超过百亿元。因此，骆驼奶粉要打爆市场，必须钉住牛奶粉，并且替代它，这样才可能成就骆驼奶粉的大市场。

在洞察自身优势时，我们发现骆驼奶粉还是有一定的产品优势。骆驼生活在食物资源严重匮乏的沙漠中，这样的环境下还能正常繁衍后代，说明它的乳汁中，营养成分应该非常充足。科学检测的结果也表明，骆驼奶的多项营养指标都高于牛奶，特别是免疫球蛋白含量这个指标，骆驼奶粉是牛奶粉的9 ~ 10倍。

经过上述逻辑推演，我们最终给这款骆驼奶粉找到了一个可以钉住用户和对手的价值钉：提升免疫力。

不过，骆驼奶粉是普通食品，不能做功效性宣传。于是，我们给出了这样的传播语："新一代驼奶，更多免疫球蛋白。"同时，为了提前防御来自同行的竞争，我们要求厂家特别添加骆驼初乳。这样，这款产品的免疫球蛋白含量会更高，指标数据更有说服力。

永磁同步电机：卖不动，问题未必出在价格上

我们服务过一家生产永磁同步电机的企业（简称A方），其产品主要卖给下游的成套设备厂家（简称B方）做配套，然后下游厂家再把成套的设备卖给最终使用的甲方工厂（简称C方）。

这家企业的老板跟我们诉苦："老师，我们这个行业咋做爆品？太难了！太内卷了！我们同步电机的技术优势其实非常明显，体积小、省电、稳定性还好，就是成本比异步电机要高，这就导致B方根本不认我们的技术优势，一味地压价。并且还说，只要我们跟异步电机一个价格，就采购我们的，否则就不考虑。你说我们该怎么办？"

听完老板的诉苦，我们也认为这个项目很难做，它毕竟和一般的消费品不同。不过，我们从爆品开发的角度，产生一个非常大的疑问：既然同步电机的优势这么明显，B方为啥没有采购动力呢？为此，我们做了深度调研。后来才发现，问题根本不在产品上。B方认为，如果花高价采购电机，相当于A方从自己兜里拿走了利润。即使配套同步电机对C方有好处，B方也不想采购，因为C方会拼命压价，销售价格被压低，B方就更没有采购高价格同步电机的动力了。

意识到这个问题后，我们立刻让这个学员调整产品价值钉，把原来"产品性能好"，调整为"能为B方获得高溢价订单"。

也就是说，A方在帮助B方多赚钱，B方从溢价的利润中分一部分给A方，而不是A方在赚取B方的钱。这样的逻辑如果能通，那B方就有了采购动力。经过这样的思考，产品方向一下就清晰起来。接下来还有个问题——如何才能让C方愿意多掏钱呢？毕竟只有C方愿意多掏钱，上述逻辑推演才能自洽。后来，我们在深度研究同步电机的优势时找到了一个答案——通过放大“省电”这个对C方无法抗拒的优势来打动C方。

我们告诉B方，假如一套设备，行业平均报价300万元，不妨给C方两个报价方案：

A方案，价格295万元，比同行低5万元，配套异步电机。

B方案，价格310万元，比同行高10万元，但配套同步电机。同时告诉C方，该方案一年可为C方节省15万元电费，设备寿命10年，预计最多可节省150万元电费。

相信大多数C方都会选择B方案。B方采购A方的同步电机配套，将会增加6万元的采购成本，但销售价格可以提高10万元，这样B方比以前还能多赚4万元，这样的方案不仅能增加B方的利润，还能有效打击异步电机，一举两得。这样一来，B方采购动力不足的问题就彻底解决了。

后来据客户反馈，采用我们的建议后，他们的永磁同步电机很快就脱颖而出，轻松突破了销售业绩瓶颈。由此可见，只要搞清底层逻辑体系，找到价值钉其实不难。难点反而在于，如何不被表象迷惑，站到局外思考。

品择金属木饰面：精准洞察需求，扭转市场困局

品择是一家专门做商用空间室内墙面装饰材料的企业，其主打产品是“金属木饰面”，它具备防火、防潮，外观精美的特点，是一种非常好的装饰材料，但产品一直卖得不温不火。曾经找过一家做定位的咨询公司帮助做了品牌定位——高端金属木饰面。但拿到这个定位，企业不知道如何落地。打广告？作为中小企业，还不具备这个实力。而且，作为B端市场，广告的传播效果非常有限。一筹莫展之际，品择找到了我们。

我们先来洞察产品的价值钉，首先需要洞察用户的需求。对于商用空间，例如商场、酒店等，业主甲方对装饰材料的需求到底是什么？通常企业会认为是防火、防潮、不变形、外观精美、价格便宜等。我们认为这些洞察的深度远远不够，我们还会追问：甲方为何要墙面装饰材料？显然，甲方的深层次需求是商业空间更漂亮，能够提升空间的档次，这才是甲方的真正需求。

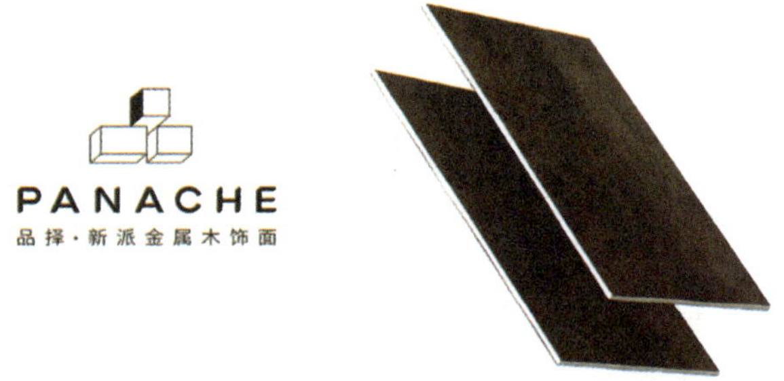

图5-2 品择金属木饰面产品效果图

我们再洞察竞品。能提供漂亮空间的装饰材料很多，传统的木饰面、实木等都能让空间更漂亮，那品择金属木饰面提供的漂亮和其他材料提供的漂亮有何不同？搞清楚这个问题，才能把品择产品的核心优势洞察出来。我们深度研究发现，品择用金属材料做基材，优势是不易变形、更耐用。把这一产品优势转化为用户的需求，那就是品择金属木饰面能为甲方的商业空间提供“持久漂亮”，而其他产品在“持久漂亮”的优势上远不如品择。因此，我们确定品择金属木饰面的价值钉为“让商业空间持久如新”。

基于这一洞察，为了更好地传播和让甲方理解，我们为品择金属木饰面设计了一句经典的广告语“一次安装，十年如新”，把产品的品类名优化为“新派金属木饰面”。

品择接受了我们的意见，很快把宣传资料等全部按我们梳理的意见进行了调整。很快，这个产品就在B端市场火了。调整后的第一年，品择金属木饰面的销售业绩就增长了超过4倍，产品受到经销商的热烈欢迎，经销商数量大幅增长。

总结：价值钉既要钉住用户的痛点，也要钉住对手的弱点，还要发挥自身的优点。有了价值钉，产品就有了清晰的商业目标，这一目标就是企业的产品战略，企业一切资源都是为了实现这一产品战略而准备。企业只有通过产品赢得用户，才能顺利打败商业对手，从战略上实现企业的商业目的。

6

什么是“1 公里深价值定义”

从“中国李宁”的成功说开去　84

创新始于用户体验　86

产品创新难在哪儿　91

乐纯酸奶：外行怎样超越内行　94

1公里深价值定义　96

痛点本质洞察　98

从"中国李宁"的成功说开去

2010年，李宁公司在成立20周年之际，推出"90后李宁"系列产品重塑品牌，并且投入巨资做宣传，品牌LOGO也升级为"李宁交叉动作"，口号改为国际化的"Make The Change让改变发生"。整个产品阵线打入一线城市且全面提价，同时确定"90后战略"，希望抓住90后的年轻人，在一线城市与阿迪达斯和耐克同台竞技。结果不仅"90后"不买账，连"70后""80后"的老顾客也不买了，导致李宁的业绩几乎腰斩，门店大量关闭。

最后，2012年李宁亏损24亿元，是品牌成立以来亏损最严重的一年。不仅没有打败阿迪达斯和耐克，反而被安踏超越，公司面临巨大的生存危机。

"90后李宁"为何会失败呢？问题并不是出现在战略方向上，毕竟抓住未来的主流消费群体没有错，李宁错在没有做出符合"90后"需求和审美风格的产品，仅仅靠"90后李宁"这个概念无法打动年轻一代消费者，根源还是在产品上。

2018年，李宁产品为纽约时装周的走秀活动推出了56款全新设计的时尚运动服，一经发布，国内各大社交媒体都被点燃，相关的多篇公众号文章阅读量都破了10万；大众也是空前关注，很多人都在问："这么潮的服装在哪里能买到？"少量概念款上市后，很快就被抢购一空。

没过多久，李宁公司就开始以"中国李宁"这个独立品牌推出新产品，单价也从传统李宁品牌的200 ~ 300元，提升到500 ~ 1000元。尽管产品价格涨了不少，产品热度却依旧高企。今天，"中国李宁"已经成为"90后"的潮牌服饰，李宁公司的年度营收也在2018年首次突破100亿元，并且在2022年达到258亿元。与此同时，公司的利润和毛利也大幅增长，市值也从2018年年底的188亿港元猛增到峰值的2600亿港元。

潮牌设计＋自信中国文化＝中国李宁。同样做"90后"的生意，"中国李宁"不是玩概念，而是在产品设计上真正满足了"90后"的需求：一是改变了以前模仿跟随的老土形象，把国潮文化和运动休闲在产品上完美融合；二是"中国李宁"在精神文化上，完美契合了中国年轻人支持国货的心理，这与阿迪和耐克的西方文化形成了明显差异。

那么，由"中国李宁"的成功我们可以学到什么呢？这就是接下来要讲的内容。

创新始于用户体验

过去信息不透明，很多公司靠概念、认知创新，就能用销量带动业绩。但是，在信息高度透明的今天，还用概念和认知创新是不够的，因为消费者对产品有更强的自我认知，而且还会参考别人的评价和口碑。商家自说自话不管用了，一旦差评如潮，说得再好也没人买单。

其实，企业绝大部分的问题都是产品问题，其他都是由此衍生的表象。

"叫个鸭子"这个互联网品牌，曾凭借"叫个鸭子"的话题性概念，围绕鸭子的主题做了很多工作，比如餐厅装修大量使用鸭子元素，送货人员都是1.78米以上且佩戴谷歌眼镜的帅哥。这个品牌很快就在互联网上火了，6个月时间估值超5000万元，甚至拿到了知名风投的投资。但是，今天这个品牌已经没了。原因很简单，话题营销带来的巨大流量，没有爆品来承载，流量很快就会转化为负面口碑。

网上曾出了一款二锅头汽水，包装风格和瓶型都跟二锅头差不多。产品在直播间发布时关注度很高，也有不少人询盘这款产品怎么代理。产品一发布，我们就判断这款产品很难卖爆，成为主流饮料。原因非常简单——一款玩概念的产品，消费者根本就没有需求。为什么消费者更喜欢元气森林？不仅是“0糖0卡0脂”，真正的原因是这款无糖的气泡水口感不错，通过产品创新实现了“无糖还好喝”。

曾经有个公司做了一款敷在脸上能“起泡泡”的面膜，各大网红纷纷在短视频中敷这款面膜，比谁的脸上泡泡多。抖音的算法机制把这款面膜推上了热搜，于是全网都是泡泡面膜的短视频。上市三个月，这款面膜销售了3个多亿元，对于一个全新的产品来说，很爆了。但是，这个面膜很快就偃旗息鼓。为什么呢？因为有专业测评达人，测评后发现这个泡泡就是表面活性剂，和洗衣服、沐浴时能产生泡泡是一个原理，与脸的干净与否无关。由于泡泡没有任何实用价值，只是一个好玩无用的概念，热度下来后，这款泡泡面膜就消失了。

面对行业竞争和内卷，有的企业不愿意进行产品创新，更喜欢通过营销策划玩概念。尤其美容行业，各种概念层出不穷，靠概念招商收钱，第二年换一个概念再来。刚开始还比较容易收到钱，后面一年比一年难，因为概念解决不了用户的痛点，满足不了需求。用户也许会被忽悠一次，但不会被反复忽悠多次。

中国各地的农贸市场都有无数的卖菜商户，几乎每个小区都有卖菜的门店，唯有“钱大妈”用10年时间，从2012年东莞一家店，开到了全国超过3000家连锁店。“钱大妈”能成功，靠的不是“新鲜”的概念，而是真正做到“新鲜”：每天进新货，当天闭店前清货，认真研究确保新鲜的最优解方案。要做到这一点，背后的运营压力和难度其实非常大，稍微控制不好，门店就可能亏损。正是孜孜不倦地落实数据的分析整理，以及从蔬菜基地到分拣中心，再到物流至门店的每个环节都精益求精，才有了全国连锁的“钱大妈”，它不是简单一句“新鲜”就能做成的事。

互联网时代，信息非常透明，更需要真正的好产品，让用户体验到产品的价值，然后通过口碑形成影响力、品牌力。今天，不仅要让用户知道你好，还要知道你好在什么地方、为什么好，更要让用户体验到你的好。不要把用户当“韭菜”，要实实在在围绕用户的需求，做出真正的好产品才能持续成功。坚持做好产品，做出厚道的良心产品，才是一个公司的基业长青之道。我们主张把做好产品变成企业的一种信念，甚至是一种信仰，而且无论遇到什么困难都要雷打不动地坚持。

还有一个典型案例就是斯凯奇。

斯凯奇的鞋谈不上好看，但有意思的是，很多人试穿了阿迪和耐克没有被打动，反而到了斯凯奇的店里后产生了购买欲。斯凯奇全球每年500多亿元的销售额，就靠一个点，也是斯凯奇的价值钉——舒适。斯凯奇做到了让消费者上脚一试，立马就能感受到产品的轻巧、舒适，这就是斯凯奇成功的关键。

过去很多“好”产品都经不起追问：到底“好”在哪里？用户是否能够体验到？卖方和买方认为的“好”是不是一致？如果一致，则是好体验，否则只是好概念而已。这是很多“好”产品卖不好的原因。

前面章节讲过，人做出的决策中，绝大多数靠潜意识，只有很少一部分靠意识。1厘米宽价值钉主要负责吸引潜意识的兴趣，用它打动用户，促使消费或复购，而这必须建立在产品有好的体验上，让意识系统认可这是一个好的解决方案，才能持续产生消费。用户也只有真正体验到好的产品，才能通过意识的验证，主动买单。一旦通过意识验证，用户复购时就可能不再深度思考，而是直接购买。

因此，做超级爆品不是做概念的创新，而是真正做产品的价值创新。

产品创新难在哪儿

所有公司都想做出一款像苹果手机那样的颠覆性创新产品，轻松打响市场，创出品牌，获得高额利润。但是，创新很难。我们服务过上百个行业，每月接触几十家不同行业、不同规模的企业。这些企业都认同产品创新的重要性，但就是没能创新出颠覆级的产品。

难度在哪？我们听到最多的声音是“同质化”——同样的材料、同样的工艺、同样的设备，甚至供应商都一样，根本做不出差异化的产品。来找我们做辅导咨询的企业几乎都为此而发愁。那么，为何创新很难呢？

通过多年深入企业辅导，我们发现了问题所在。

大部分公司里，营销和研发严重脱节，各搞各的：做营销的人不懂产品和技术，营销搞自己的一套说辞；而大部分搞研发的人，完全不懂市场、不懂用户。更糟糕的是，很多公司老板也是只懂营销，或者只懂技术。更有甚者，两边都不懂。同一公司内部，研发和营销长期两张皮，各干各的，业绩不好就相互扯皮。

这种情况下，怎么可能开发出用户喜欢的好产品？

如果继续追问，你们产品的核心用户是谁？消费场景是什么？回答几乎都是模棱两可的。都不知道核心用户是谁，怎么洞察用户的核心需求？又如何能开发出用户喜欢的产品？

我们有一个做智能床垫的学员，宣称他们产品的价值钉是改善睡眠。我们就问，你们做的是改善睡眠的床垫，那人们为什么睡不着？结果他回答："老师，我是做床垫的，又不是医生，我怎么知道人为什么睡不着。"既然你不知道人们睡不着的根源，你凭什么确信这款床垫能改善睡眠？这是典型的盲目自嗨型产品。既然你说这款床垫能改善睡眠，用户买这款产品，本质上不是买床垫，而是在购买改善睡眠的解决方案。病人为何生病都不知道，却声称这个处方能治病，这不是很夸张的一件事吗？

很多企业就是这样，不仅不知道用户是谁，也不了解竞争对手。敌人是谁都不清楚，这仗又怎么打得赢？

最后，没把自己研究透的企业也不在少数。

很多企业说自己的产品很厉害，我们多问一句，希望能把厉害的地方说出来。结果呢，要么把这个技术说得过于专业，非研究生毕业都听不懂；要么就是说不出个所以然，反正就是用了的都说好。自己的产品，原理、性能都说不清，用户凭什么买？甚至有些企业的老板、员工，压根儿不用自己家的产品。我们经常嘲讽这些老板："如果你的产品，你和你的员工都不愿用，却想把它卖给用户，那就只能靠忽悠了。"

没有把用户研究透，没有把竞争对手研究透，也没有把自己研究透，这才是创新难的关键。要做出超级爆品，必须成为产品发烧友，真正把这三件事研究透，知其然更知其所以然，朝用户核心痛点的解决方案上挖1公里深。

乐纯酸奶：外行怎样超越内行

假如你想开一家面馆，首先你得喜欢吃面条，这样才能知道吃面的人群有哪些喜好和痛点。深度调研时，才会弄清为何某家面馆更受欢迎，而另外一家大家却不喜欢。备受欢迎的面，究竟是汤好、面好，还是料好？是否有超越它的解决方案？只有不断追问、聚焦，答案才会逐渐浮出水面，你的超级爆品才有成功的可能。

有个酸奶品牌叫乐纯，其创始人艾琳在创业前，没有任何食品行业经验，就是一个酸奶的重度爱好者、超级发烧友。就是这样一个人，从零起步做酸奶，做到了高峰期估值25亿人民币，被美国国际数据集团（IDG）、徐小平、可口可乐等公司投资，200多万的铁杆粉丝喝她的酸奶。她的成功就是因为对酸奶的热爱。

艾琳喝了国内的酸奶和国外的酸奶后，发现口感风味差别特别大，当时只是好奇为何会有如此大的差异。于是，她在网上发起了一个“寻找好酸奶”的活动，喝遍了中国几百个品种的酸奶，边喝边研究，跟专家交流的同时，还搞了一个中国酸奶排名，并且总结出了好酸奶的9条标准。然后她发现，当时的中国市场上还没有符合这9大标准的好酸奶，于是，艾琳决定自己做。

为了做出心目中的酸奶，艾琳失败了数百次。好不容易成功后，她还找来一批粉丝试吃，根据反馈意见不断优化调整，最后才成型。艾琳把打造酸奶的过程写成了一篇文章，在微信公众号一发布，就收获了100多万的阅读量。乐纯酸奶的价格超过普通酸奶2倍以上，但产品一上市就火了，一个外行小白干成了内行没有干成的事。

由此可见，开发产品这件事，光有技术还不行，还得懂用户，必须在用户需要的点上深挖1公里，才能做出用户喜欢的好产品。

总之，想在你的行业做出超级爆品，先要成为产品发烧友，把用户研究透，跟用户深度沟通，把自己变成最好的用户；然后把竞争对手研究透，知道同行产品的好与不好各在哪里，背后的原理和逻辑是什么；最后把方案做到极致，就像乐纯一样。只有做到这种程度，才有可能破除产品创新难的问题。

乔布斯是产品的发烧友，雷军也是产品的发烧友，特斯拉的马斯克同样是产品的发烧友，每一个优秀的产品总裁都应该是产品的发烧友。只有成为产品发烧友，才能做出真正的好产品。

1公里深价值定义

前面围绕价值定义说了很多。那么什么是价值定义呢？我们认为，围绕1厘米宽价值钉，做到的最优解方案即为价值定义。

这里有两个关键词。

第一个关键词：围绕价值钉

价值钉来自用户核心需求，来自对手弱点。产品创新必须围绕需求去找到最优解，否则，你的创新点可能既打不动用户，也打不中对手。

第二个关键词：最优解

何为最优解？顾名思义是比对手解决方案更厉害、更强大。如果能做到1公里深，那就是一个极致的解决方案，让对手无解。围绕价值钉做1公里深的价值定义，就是把非价值钉的价值做到基本面，也就是行业的平均水平，把价值钉的解决方案做到对手很难超越。

现实中，很多企业做产品，是各方面都想做到极致，但没有一个突出的亮点，导致总体感觉非常好，但就是卖得不够好，或者无法支撑更高的溢价。其实做爆品有一个非常重要的理念——爆品可以不完美，但不能没特点。

我们曾经在成都吃过一家火锅，进大门就能看到两个精美的狮子雕塑，店内装修很有艺术感，桌椅都非常有特色，碗也是定制，连装菜的盘子都有自己的风格，体验感非常强，还没有吃就引发了我们对这家店的好感。可是吃过之后，发现火锅味道非常一般，火锅本身几乎没有任何亮点，立刻降低了我们对它的好感，大家一致决定不会再来。

很多公司都在犯跟这个火锅店一样的错误，用户最在意的火锅味道没有亮点，次要的体验价值反而做得很突出，结果本末倒置。

所以，真正的最优解方案是在用户核心需求上纵向挖到1公里深，而不是横向做加法加到1公里宽。

痛点本质洞察

如何围绕价值钉创建一个最优解的方案呢？很多企业创新的价值没有竞争力，无法突破行业的价格战，很重要的原因就是对痛点的本质洞察不够深、不够准，给出的解决方案不对症，或者不痛不痒，导致消费者无感觉。

这就好比医生一样。资深医生为什么比普通医生更优秀，更容易得到病人的信赖？其核心就是能根据专业和经验，快速找到生病的根源，找到生病背后的本质原因和病例间的逻辑关系，然后对症下药。超级爆品高手和普通产品经理同样有一个重要的差别就是对痛点本质的洞察能力，爆品高手往往能一针见血地洞察痛点的本质，从而创新出有竞争力的产品。

洞察痛点就是不断追问产生痛点背后的根本原因和逻辑关系，当我们反复追问为什么的时候，痛点的真相也就开始浮出水面。要卖一个祛斑的产品，就一定要追问人为什么会长斑，背后的根本原因和逻辑关系是什么。要卖一个改善睡眠的产品，就一定要追问，人为什么睡不着？失眠背后的根本原因和逻辑关系是什么？只有追问出本质，才能对症下药，给出精准的痛点治疗方案，否则，很难说是不是最优解方案。

作为一家咨询公司，我们冷启动超级爆品，也一样需要洞察出企业产品不好卖的根源。企业产品不好卖，业绩不好的原因有很多，例如没有掌握最新的流量打法、团队短板多，等等。如果洞察就此结束，那我们的解决方案也只能是头痛医头，脚痛治脚，治标不治本。

我们始终希望从根本上解决企业的营销问题。为什么流量不好？本质是因为没有口碑，全靠投放。为什么没有口碑？原因是产品解决方案不够完美，用户体验不够极致。当我们对企业营销的每一个问题追问到底时，发现所有问题最终都指向一个点——产品不够极致。企业产品的问题不解决，其他问题解决了也不能根治，就像慢性病一样，还会反复发作。于是，我们开始研究，如何才能做出一款极致的、能形成口碑的产品。

为此，我们花了很长时间研究心理学，洞察出“爆品映射定律”这一商业底层逻辑，由它可以快速发现产品不好卖的原因——商业逻辑的某个点不通。找到商业底层逻辑这一产品本质，结合咨询实践经验，搭配我们总结出的三维爆品模型，就能帮助企业轻松打造出超级爆品。

总结：做任何产品，一定要追问出痛点本质，洞察痛点发生的根本原因，而不是浮在表面。从用户痛点的根上找问题，才能找到真正的极致解决方案。在找到痛点本质之前做的任何产品创新，都无异于赌博。

7

如何把产品的价值定义挖到“1公里深”

通过对手的解决方案找最优解 102

技术领先一小步，体验领先一大步 104

用更高新的技术碾压对手 109

通过对手的解决方案找最优解

洞察清楚痛点本质以后，就要制订解决方案。创新产品价值，很多人会根据自己的资源或优势直接给出解决方案，这样做的风险是什么？很有可能千方百计做出的解决方案已经过时，竞争对手已经有了更先进、更高维的解决方案，你的解决方案已经不是最优解。

2017年在乌镇互联网大会中心举办的青年创业大赛，几十个项目参与角逐，其中一个项目创业者将近50岁，花了8年时间投入上百万元研发费用，获得了几十项专利技术，研发出一款他非常自豪的拖把产品。这款拖把最神奇的功能是能变形，床下、沙发下都能自由伸缩。

这位创业者讲解的时候激情澎湃，但是包括我们在内几乎所有的评委都打出了低分，一致不看好他的产品。根本原因是他的解决方案已经被今天的扫地机器人完美替代，属于过时的解决方案，不是最优解，这位创业者没有根据竞争对手的解决方案来制订最优解方案。

很多曾经非常畅销的产品被消费者淘汰，一些老的品类被新的品类淘汰，其中一个很重要的原因就是新的解决方案淘汰了老的解决方案，老产品没有根据竞争的变化及时迭代出最优解方案。比如，诺基亚手机被苹果手机淘汰，就是因为在智能的解决方案上没有及时迭代，做到最优解；传统的胶卷相机被数码相机淘汰，同样是因为数码相机使用更便利，使用成本也更低。

所以，围绕痛点本质，为最优解做价值创新，必须是基于竞争对手解决方案的领先创新。领先竞争对手的解决方案，就是最优解。我们说的“竞争价值定义法”，就是基于竞争对手的解决方案找最优解。

如何找最优解呢？

要么针对竞争对手的方案做技术迭代，碾压对手；

要么针对竞争对手的方案做技术升级，领先对手。

技术领先一小步，体验领先一大步

假设解决方案只能做到和竞争对手一样，但只要方案做得更深、更透，专业技术领先一小步，用户体验也能领先一大步。这也是一种寻找最优解的办法。比如华为的P系列手机，就是在拍照技术上比苹果的解决方案挖得更深而来的。华为与徕卡合作，通过智能算法，让各种拍照场景都变得更清晰，最后吸引了大量苹果粉丝转投华为。

钱大妈生鲜连锁店，解决的就是菜品不新鲜的痛点。门店菜品为什么不新鲜？痛点背后的本质是要么进货太多，要么销售不畅。同行的解决方案是对快要变质的菜品做促销活动，但是钱大妈为了做到极致新鲜，每天做清货，每晚7点从9折开始，每过半小时再下降一折。最后哪怕免费送，也一定要把当天的库存处理完毕，第二天的菜品才能保证真正新鲜。同样是新鲜，钱大妈用了超越对手的清货模式，把新鲜真正做到了极致。所以钱大妈短短几年时间就突破3000家门店，估值过百亿元，被众多风投追捧。

我们还服务过一个营养粉项目。其实市场上有很多全营养粉，都是一些知名品牌，这个企业之前是做房地产的，转型做全营养粉如何突围呢？

全营养粉针对的是一些特殊人群，比如癌症人群，帮他们辅助提升抗癌效果。全营养粉辅助抗癌的原理是，通过全面补充营养，提升病人的免疫力来对抗癌细胞，专业术语叫“免疫疗法”。竞争对手的全营养粉方案主要是对各种营养成分，例如蛋白质、维生素和矿物质等成分进行科学配比，满足人体对营养的全面需求。但这个方案的最大问题是，这些营养成分是二次加工的，其吸收效率因人而异。

基于竞争对手的解决方案，我们有了更优解。通过低温萃取55种地道的纯天然食材，从选材和配方上做到了比竞争对手更好。新的产品包含105种营养成分、60种植物活性成分，营养成分更多、吸收更好，提升免疫力的效果也更好，形成了最优解方案。这同样是基于竞争对手，把自己的产品做得更彻底，把1公里价值定义挖得更深。

汇泰龙曾是一家做五金件的公司，开发出智能锁产品后，找了一家咨询公司做了策划，将产品定位为“云安全”智能锁，还请了明星做代言，投放了不少户外广告，但市场对这个产品反响平平。

后来企业找到我们，我们重新研究了这款产品。这款产品打造的是“云安全”，价值钉落在“安全”这个点上，毫无疑问是对的。一把门锁，安全就是第一需求。那问题出在哪呢？

我们再进一步研究发现，作为门锁“安全”需求的解决方案，大部分用户并不懂何为“云安全”。而懂“云安全”的那部分用户，正因为知道它的重要性，很可能转身去购买小米或者华为的智能锁。为什么？因为这些用户难以相信一个非科技公司在“云安全”上的解决能力，他们在这方面更愿意相信华为、小米、360等科技公司。因此，理解“云安全”和不能理解“云安全”的用户，大都不会购买汇泰龙的“云安全”智能锁。

基于这一洞察，我们认为，汇泰龙的“云安全”解决方案必须调整。经过深度研究，我们找到了适合汇泰龙关于“安全”的最优解方案——猫眼。以前，人们给门装猫眼就是为了安全，如果我们把猫眼的功能植入智能锁，再通过算法，让猫眼变得更智能，那就能极大提升智能锁的安全性。同时，这一解决方案完全吻合用户的理解逻辑，不用对技术做过多解释，用户也能秒懂。

经过和汇泰龙技术团队的沟通，这一新的解决方案得以最终确定。于是，我们重新对产品进行策划，把产品品类名调整为“大猫眼智能锁”，广告语调整为“看得清，更安全”。

调整后的产品一经发布，立即引起行业和用户的广泛关注，并受到一致好评。至此，汇泰龙重新开创出猫眼智能锁的新品类，为汇泰龙的长期产品战略发展奠定了优势基础。

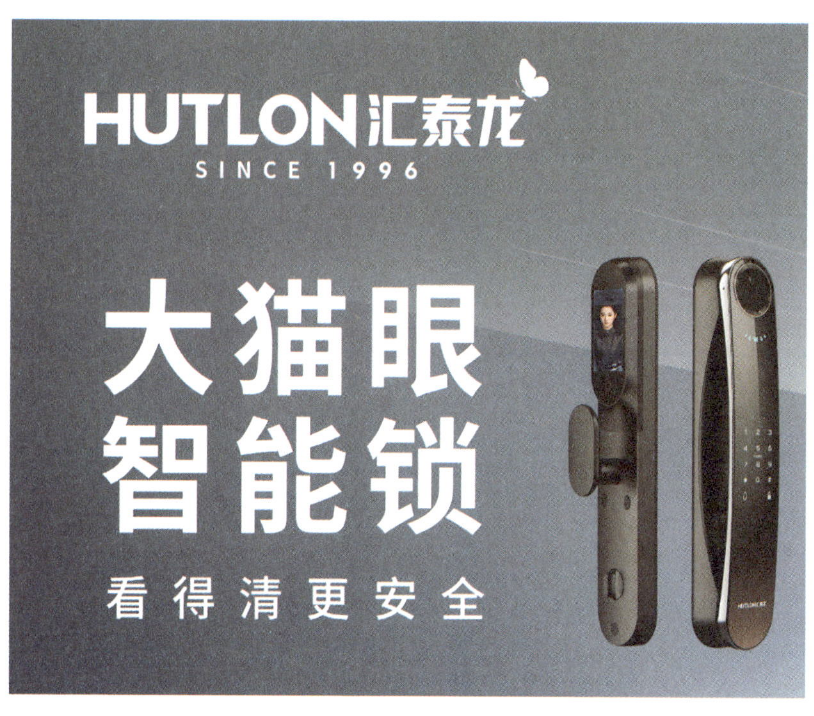

图7-1 汇泰龙大猫眼智能锁宣传海报样

总结：做产品创新，先要洞察痛点的本质，了解痛点发生的根本原因和逻辑关系，再根据竞争对手的解决方案，要么做到方案创新，要么基于竞争对手找到更好的最优解方案。

用更高新的技术碾压对手

当对手的方案还有明显的缺陷，或者按原有方案实施已经遇到瓶颈时，就需要考虑用更高维、更新的技术进行迭代，通过技术碾压对手。

我们曾经服务了一家帮发动机除积碳的燃油宝产品，它是由NASA（美国国家航空和航天局）航空技术转化而来的，国内一家公司斥巨资买断技术将其引进，但一直卖得不温不火。服务这家企业期间，我们不断追问其解决方案的原理——到底如何做到除积碳的？然而，厂家一直说不清楚，要么就是一句“效果好”，要么全是专家才能看懂的专利论文。

一个产品很厉害，但又说不清楚，怎么可能卖爆？后来，我们花了很长时间提炼这款产品的技术原理与解决方案，希望用消费者听得懂的语言讲出来。经过与专家、研发等团队不断研讨，并研究了公司全部的技术文档后，我们终于搞明白了这款产品的技术原理。

除积碳，首先要知道为什么会有积碳。发动机会产生积碳主要是因为燃烧不充分，也就是每次喷入发动机的燃油没有被完全燃烧，尤其是靠近缸壁等位置的燃油。汽油的可燃点是427℃，而在散热器的作用下，缸内壁不同位置的温度保持在150℃～400℃之间，这就使得靠近缸壁的燃油无法充分燃烧，时间长了，发动机缸壁、喷油嘴、火花塞等温度较低的地方就容易产生积碳。

传统的解决方案是通过添加剂与积碳产生化学反应，达到除积碳的目的。不过，这个方案不能从根本上避免积碳的产生，只能对产生的积碳进行化学消除，而且很快又会形成新的积碳，长期这样做还会对发动机造成损伤。

我们辅导的这款产品，它的解决方案是从降低油的可燃点上下功夫，把油的可燃点降低到接近发动机缸壁的200℃，让燃油都能被充分燃烧，自然就不会产生积碳。同时，已经形成的积碳也会因为可燃点降低而被慢慢燃烧掉。可以说，这个技术从根本上避免了积碳的产生。

我们将这个最优解方案取名叫“200℃同步燃烧技术”，就是告诉用户这款燃油宝是把积碳烧掉的，而其他产品是通过化学反应将积碳酸化处理掉的。哪个技术更先进，用户一听就能明白。

总结：从竞争对手的重大缺陷或缺点入手，更容易找到颠覆性的最优解方案。就像苹果手机，它创新的多点触控技术就是一个颠覆性的技术进步，再通过苹果强大的软件适配能力，让单手触控操控手机变得轻松自由，这才有了颠覆性的苹果手机，打败了一众竞争对手。

8

什么是“1 秒可感知”

阻碍用户感知的两大商业鸿沟 113

“韦伯—费希纳定律”与产品体验有何关系 119

可感知遇见好产品 121

借力感知突破法 127

差别阈限突破法 131

阻碍用户感知的两大商业鸿沟

产品和用户之间有一个巨大的鸿沟，其中暗藏两大屏障。就是这两大屏障隔绝了好产品和用户，导致产品叫好不叫座。这两个屏障分别是注意力屏障和差别阈限屏障。

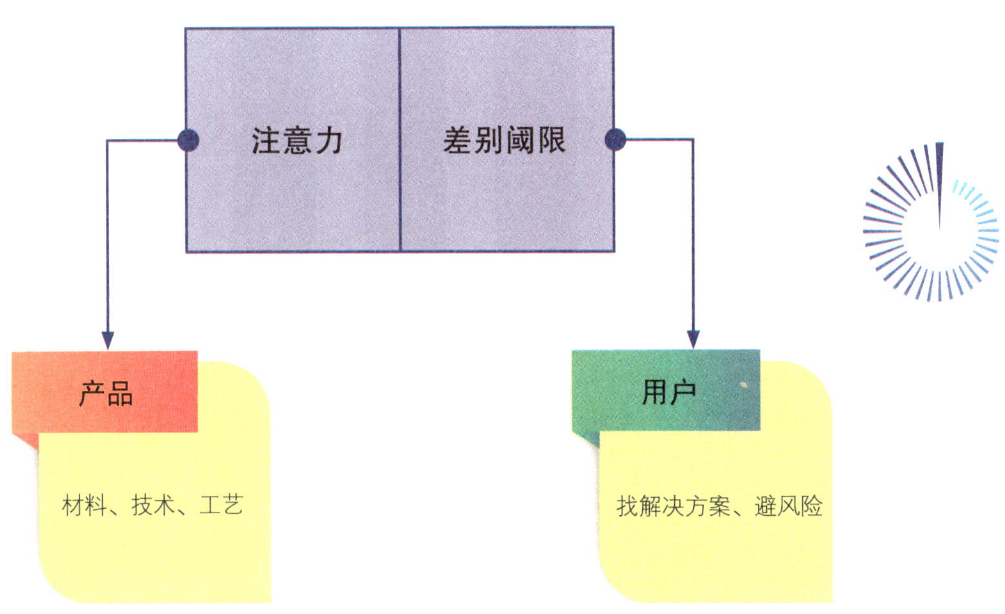

图8-1 产品与用户之间的两大屏障

（1）注意力屏障

如今的用户，时间越来越稀缺。据外媒eMarket报道，2021年，中国成年人每天看手机的时间已达196分钟（合3小时16分钟，不包含打电话的时间），相比于2020年的2小时51分钟，增长14.6%。

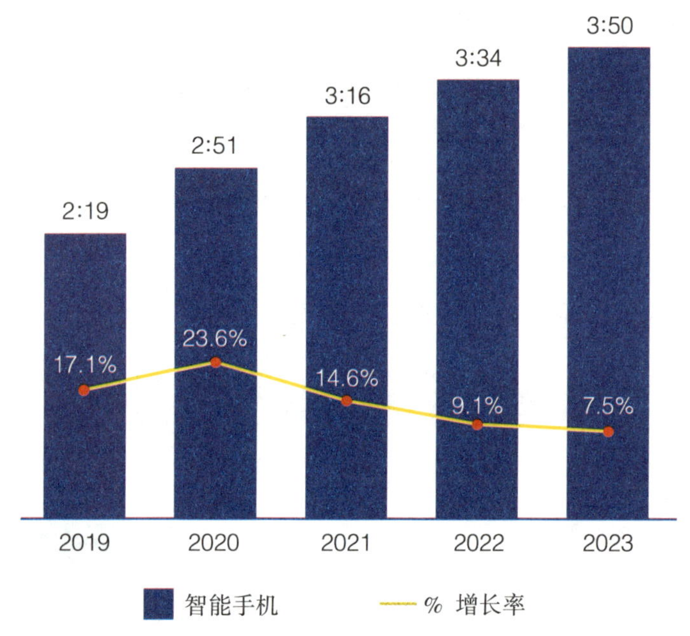

图8-2 中国成年人年日均看手机时长及增长率

从早晨起来看手机，到晚上刷抖音打游戏，用户时时刻刻都很忙。所以，当今的产品，第一竞争对手不是同行，而是手机。如果你的产品不能成功地让“时间有限”的用户感兴趣，不能触发用户需求，错过第一次，就可能错过一辈子，流量就白白打水漂。如何让用户1秒可感知，成为移动互联网时代里产品的第一竞争要素。

（2）差别阈限屏障

明明我的产品比竞争对手更好，用户为何就不买我的产品？

明明产品都差不多，我的价格比对手更低，但用户还是不买我的产品？

韦伯—费希纳定律从用户感知阈值角度解释了背后的原因。

下面是两个不同假设条件的实验。

实验A：假设你所光顾的文具店，计算器的价格是20元，而有人告诉你其他商店的价格是15元。

实验B：假设你所光顾的文具店，计算器的价格是120元，而有人告诉你其他商店的价格是115元。

那么，哪种情况下你会改变主意，到其他商店购买？

经过测试，在A实验中，大约68%的人会换一家商店购买，B实验中大约只有29%人愿意换一家商店购买。

同样是节省5元钱，为何会出现这么大的数据差异？因为在实验A中，节省的5元，对比20元的价格，节省了25%；而实验B中，5元对比120元，只节省了4.2%。

这就是著名的韦伯—费希纳定律：购买者对价格的感受与基础价格的水平有关，购买者对价格的感受更多地取决于相对价值，而非绝对价值。

德国生理学家韦伯还发现，同一刺激的差别量必须达到一定比例，才能让人产生有差别的感觉。这一比例用公式表示为：

$$\Delta I/I=K$$

其中，ΔI代表差别阈限，I代表标准刺激强度，K代表韦伯常数。

这就是韦伯定律，简单理解就是心理感知变化和物理变化之间的定律。

德国心理物理学家费希纳在他的表兄和老师韦伯提出的定律基础上，建立了韦伯—费希纳定律，用公式表示为：

$$S=K\lg R$$

其中，S是感觉强度，R是刺激强度，K是韦伯常数。

心理量是刺激量的对数函数，即当刺激强度以几何级数增加时，感觉的强度会以算术级数增加。费希纳定律曾经受到用差别阈限法制作的等距量表的支持。根据这个等距量表的数据在半对数坐标上作图，可以得到一条直线形的心理测量函数。

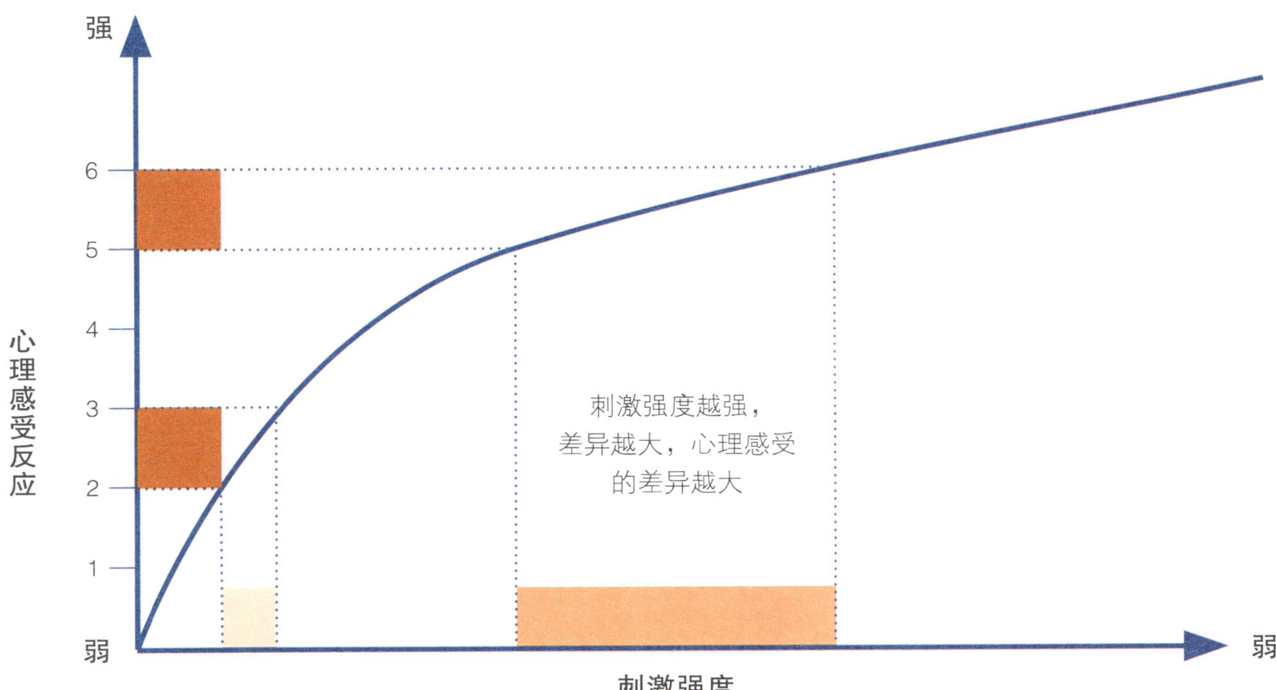

图8-3 韦伯－费希纳定律

结合前面商店中，5元价格差别的实验，为什么A组中的人比B组中的人更容易换商店呢？因为按照这个公式，A组中的人对“贵了5元”的感知度比B组要强很多。而要让B组中的人对价格贵了的感觉跟A组一样，则B组光顾的文具店，其计算器与其他店铺的差价要达到30元才行。这就是心理价格和物理价格的关系。

“韦伯－费希纳定律”与产品体验有何关系

韦伯－费希纳定律与人的感知（视觉、听觉、味觉、嗅觉和触觉）有关。

例如，你和男朋友刚交往时，他每天都送你上班，你会觉得很感动，认为他很爱你。送你上班一年后，你还是会觉得，他挺好的，但是心中的那份感动慢慢变弱了。再往后面，比如再过三年，可能就麻木了。

这个生活案例同样遵循了韦伯－费希纳定律。时间越久感知越弱的原因是什么呢？套用公式，假定送上班ΔI的值为10，第一年开始时I的值定义为50，那么得出的韦伯常数K是20%，我们姑且称为“感动系数”。随着时间推移，第一年后I的值变为100，送上班ΔI的值依然为10，这个“感动系数”就下降为10%了。想要维持20%的“感动系数”，第二年不仅要送上班，可能还要每天送点花，或者送不同的礼物才行。

转化到产品上，韦伯公式ΔI/I=K，ΔI相当于产品之间的价值功能差异，I相当于产品功能价值对用户的刺激强度基数值，K就相当于感知系数。

很多知名品牌，一开始推出一款非常创新的产品，大家感觉非常不错，感知度比较强，也比较新奇。随着时间推移，加上竞争对手变多，拉高了产品功能价值对用户的刺激强度基数值I，而产品的功能差异阈值没有变，用户对原产品的兴奋度就会慢慢下降。

苹果手机刚出来的时候，全世界的“果粉”都非常疯狂，感知度非常强，后面一堆的竞争对手跟上，拉高了产品功能价值对用户的刺激强度基数值I，但苹果手机功能差异阈值没变，感知度系数K也就越来越低了。越往后，大家越没有感觉。

很多网红产品，一出来感知度很高，快速火爆出圈，竞争对手迅速跟上一大堆产品，短时间拉高了产品功能价值对用户的刺激强度基数值。越往后越不火，本质也是这个原因。

每个行业都一样，竞争越激烈，产品功能价值对用户的刺激强度越高，第一款创新产品可能只需要做到3分的水平，就能让用户有很强的感知度；越往后竞争越强，可能即使做到6分的水平，用户都无法感知，此时被用户选择的难度自然更大。

所以，竞争越激烈，产品的价值功能给用户带来的刺激强度要越高才行。此时一点点的产品创新，用户很难感知，就是因为感知系数太低了。

因此，按照韦伯—费希纳定律，要想做一款优于竞争对手的产品，就要做大产品之间的价值功能差异，这个值越高，用户的感知越明显。如果只是想通过价格取胜，那价格差别阈限必须达到15%以上，否则用户根本无法感知。

可感知遇见好产品

一款产品力很强的产品，如果价值不可感知，必然需要更强的销售力才能销售出去。这样的产品我们称为费钱产品。具体表现为产品力强，持续投入也能获得不错的业绩，但是费钱、费人、费精力。

产品力强，价值又可感知，这样的产品必然会成为超级爆品。销售超级爆品，团队轻松，还节约营销费用。用户看见就想买，渠道看见就想卖，这样的产品不愁销售。

前面讲过一款“消消火”的产品。这款产品其实并不差，配料用了荷叶、罗汉果、金银花、甘草、鱼腥草、茶叶、菊花等，下足了功夫，产品去火的效果应该不错，就是错在不该使用灭火器的外形，让用户产生错误感知，导致一个好产品没有脱颖而出。

曾经的霸王凉茶也一样。当时霸王洗发水已经深入人心，于是想着借势推出霸王凉茶，结果用户误以为凉茶中含有洗发水成分，导致不敢饮用，最后霸王凉茶也消失了。

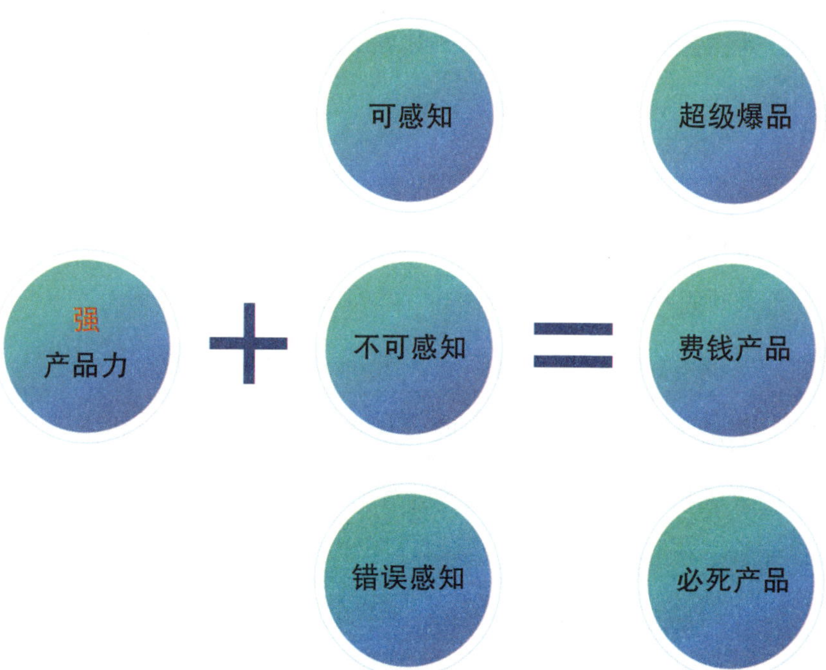

图8-4 强产品力的三种结果

还有一款叫“九抱五”的饮料，曾经在成都的地铁里投放了很多广告，写着“暴脾气，请喝九抱五”。做这款产品的企业是西安的，官方介绍这款产品时提道：

> 九抱五配方秉承中医“药食同源”理念，融入蒲公英、桑叶、枳椇子、余甘子、柠檬、苹果等天然草本植物，采用高科技植物萃取技术，最大限度保留营养成分，一点苦涩的味道都没有，清香爽口非常好喝。九抱五迎合当代社会对于健康饮品的需求，不含蔗糖、不含防腐剂，通过清香甘甜的口感，抚平你的“暴脾气”。

看官方说明，这是一款很不错的产品，可是所有看到这个地铁广告的人，都无法感知产品的价值。当时，一个同事乘地铁拍了一张这个广告的照片发给我们看，我们看完就判定，这个产品肯定无法热销、广告费肯定打水漂。果然，没过多久，这个产品就在成都市场上消失了。

如果一款产品的产品力弱，但可感知做得非常好，这样的产品仍然有可能畅销。如果产品力弱，可感知也差，这样的产品注定会成为废品，可能只有天才级的销售员才能推销出去。

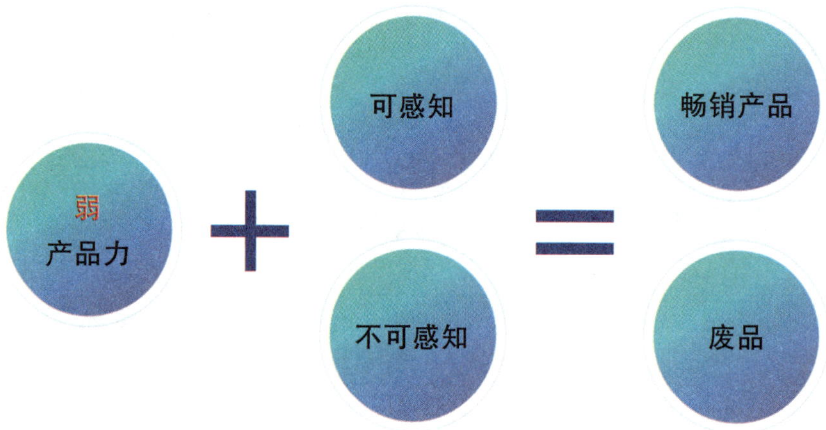

图8-5 弱产品力的两种结果

饮用水行业利润高、技术含量低，做起来比较容易，但成功的品牌却极少。因为水这个行业，最难的不是生产加工技术，也不是水源，而是让用户感知到你的水更好。

农夫山泉就是把可感知做到极致而成功的企业。我们来看看它如何通过3个营销操作，让用户感受到它的水是特别好的。

农夫山泉刚上市时做了一个实验，将两株同样的水仙花分别种在纯净水和农夫山泉天然水中，然后观察它们的生长状况。7天后，种在纯净水中的水仙花只长了2厘米，种在天然水中的却长了4厘米。40天后，种在纯净水中的水仙花，根的重量不到5克；而种在天然水中的水仙花，根的重量超过了12克。

完成实验后，农夫山泉立即将实验结果向消费者公布，同时在央视和各大媒体投放广告，宣传天然水的优势。农夫山泉的这种实验和营销，点燃了纯净水行业的炸药包，娃哈哈、怡宝、天河等10多个品牌的纯净水企业发表联合声明，严厉谴责农夫山泉，与之有关的各种官司也接踵而至。其实，农夫山泉能使当时的行业老大娃哈哈应战，这本身就是一种成功，加上天然水的优势更深入人心，树立了农夫山泉倡导健康的专业品牌形象，让大家明白喝纯净水不好，喝天然水更健康。这个可感知实验，为农夫山泉一上市就成功立下了汗马功劳。

为了延续天然水的故事，农夫山泉还派出众多人员在全国各地寻找优质水源，并拍了两支长视频广告记录整个过程。最终，农夫山泉在全国找到8处水源地，兑现了“在水源地设厂”的承诺，这也成了农夫山泉最重要的一张王牌。这背后的广告语大家都很熟悉了——我们不生产水，我们只是大自然的搬运工。这个过程，让大家进一步感知到农夫山泉的天然水更好。

第三个是酸碱体质的理论。尽管现在这个理论已被认定是伪科学，可在当时却很火，很多净水器、水杯都宣称自己的产品能把水变成碱性的。农夫山泉也利用这套理论，迎合当时人们的认知，助推了产品的火爆程度。

农夫山泉的这三段营销操作，都把可感知做到了极致，因而获得了成功。

所以，即使产品本身物理价值一般、可创新空间小，但只要可感知做到极致，仍然可以诞生畅销爆品，甚至超级爆品。

借力感知突破法

只有打破注意力和差别阈限的屏障，才能拉近产品和用户之间的距离，从而让产品满足用户需求。如何才能打破这两大屏障？我们提供了两套简单好用的方法，第一套为“借力感知突破法”。

有很多品类的产品，其价值比较抽象，或者专业性很强，用户难以直接感知，这时需要考虑通过潜意识来借力。

首先要理解一件事：为何用户对抽象价值或专业性很强的价值无法感知？

假如你对非四川人说“粑耳朵”[①]，很多人根本听不懂。如果你不是东北人，跑去东北听乡村二人转，旁边的人笑得人仰马翻，而你可能会一脸懵。“粑耳朵”以及“二人转”中的很多内容，都属于语言中的抽象词，不理解它们背后的故事，你不可能知道对方在表达什么。

类似的道理，有的老板特别喜欢说：我的产品对你的健康帮助特别大。但是，这样的话，大多数人听了都无感。因为“健康”是一个抽象概念，你与其他人理解的健康，可能截然不同。

① 四川方言，指怕老婆的男人。

又如，有的公司发明了一个高科技产品后，特别喜欢对非专业用户大讲专业技术。这也是一个营销大忌，毕竟绝大多数用户的大脑里没有专业知识图谱，因而对你宣称的高科技，可能完全无感。要让用户可感知，就必须把抽象的、专业的语言，变成普通用户能理解的语言，要把抽象的画面具象化。这种借用大白话或者其他具象画面进行讲述、介绍的方法，就是潜意识借力法。

潮汕牛肉火锅为什么很火，核心是牛肉新鲜。但如果只是告诉消费者："我的牛肉很新鲜。"这个核心就变成不可感知的了，因为"新鲜"是抽象词。潮汕牛肉火锅选择的就是抽象画面具象化的方式，通过在透明厨房现切现做，让用户感知到新鲜。使用这种方式，哪怕不明说"新鲜"这一抽象价值，用户也能很容易感受到。

图8-6 "明厨亮灶"是现在很多餐饮商家向顾客展现新鲜、卫生的重要手段

再说一个高跟鞋品牌的例子。高跟鞋的颜色、款式等，设计创意空间非常有限，远不如一双休闲鞋的空间大。即使有差异，也很难跟同行做区分。法国设计师克里斯提·鲁布托，在可感知上做了一个突破点，结果1992年，以他名字成立的品牌Christian Louboutin火遍全世界，一双鞋能卖到500美元，定制款更是超过3000美元一双，国内外很多女明星、皇家公主都是他产品的忠实粉丝。

这款高跟鞋是如何火遍全球的？关键在于他洞察到女人穿高跟鞋的底层需求——时尚、性感。过去，无数品牌在高跟鞋领域做过许多创新，都没有显著突破，而他从女助理脚上的红色指甲油获得了灵感，最后将“口红”这个代表时尚性感的元素，移植到高跟鞋底上，让这双鞋的时尚和性感价值1秒可感知。从此，红底高跟鞋大红大紫，几乎成为女孩心目中高跟鞋的标配。

图8-7 红底——高跟鞋的借力感知点

总结：潜意识借力感知法，就是把不可感知的、难以感知的价值，通过用户已有的可感知点来重新呈现，用借力的方式实现价值的1秒可感知。这种方法尤其适合价值过于抽象，或者过于专业的产品。

差别阈限突破法

很多产品在物理层面，无论是技术还是其他指标，都比竞品更好，但差别阈限的屏障限制了用户对其价值的感知。只有突破这一限制，才能让产品的物理价值和用户感知的价值相吻合。

比如，昨天最高温度15℃，今天最高温度17℃，大部分人很难感知今天温度升高了2℃。但是，假如昨天你待在最高温度-5℃的地方，而今天待在最高温度17℃的地方，这种温差相信每个人都能感受到。

如何才能拉大差别阈值，让用户感知到物理层面的巨大差异？最重要的是重新洞察用户的感知原点，然后寻找新的感知原点，让用户在新的感知原点上做价值比对，从而在感知层面提高对物理价值的认同。

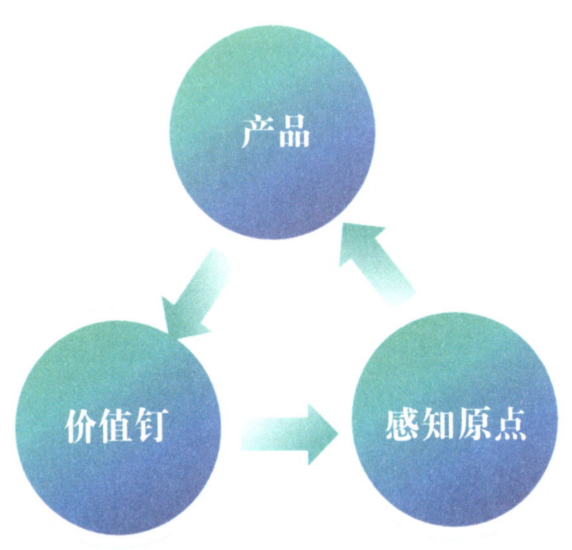

图8-8 差别阈限突破法的内在逻辑

新的感知原点从哪里探寻呢？搞清楚这个问题，先要弄清人脑中的知识从哪里来。

人脑的知识来自三大部分：基因传承、生活体验、知识沉淀。

我们祖辈从原始社会开始，在不断进化中保留下来的信息，通过基因传承给后代。例如，人类天生怕蛇、怕蜘蛛、恐高，这些都是遗传基因带来的。又如，父母是篮球运动员，他们的孩子大概率也比较喜欢运动，而且运动协调性会比较好。

另外，人的某些重要经历会对一生产生巨大的影响，例如童年的心灵创伤，可能影响一生的性格；经历一次恋爱的背叛，可能对恋爱产生永久性害怕，一次被狗咬，终生怕狗等，这些记忆都来自生活体验的经验积累。

三是专业学习的知识沉淀。一个会骑自行车的人，即使很久没骑车，也能很快找回感觉。一旦我们学会了乘法口诀表，就能快速完成乘法的计算，而且很难忘记。

找新的感知原点，就是要在用户已有的记忆储存中，找到可以提高差别阈限的点。

纸箱行业是一个产品同质化非常严重的行业，产品物理层面的差异极小。但有一个纸箱，通过调整感知原点成功突破差别阈限，从而赢得包括华为、富士康、顺丰在内等30多家上市公司的纸箱订单。它就是“载象纸箱”。

载象的价值钉是抗压。如何让用户迅速感知抗压的价值，这是一个非常大的挑战。传统的方法一般是将抗压的物理数据进行对比，但这些数据对于用户而言还是抽象，感知度并不强。载象没有这么做，而是用了一个全新的大象来表达，用户一眼就能感知它的抗压性能。不用多说，用户也能明白载象纸箱的价值是什么。

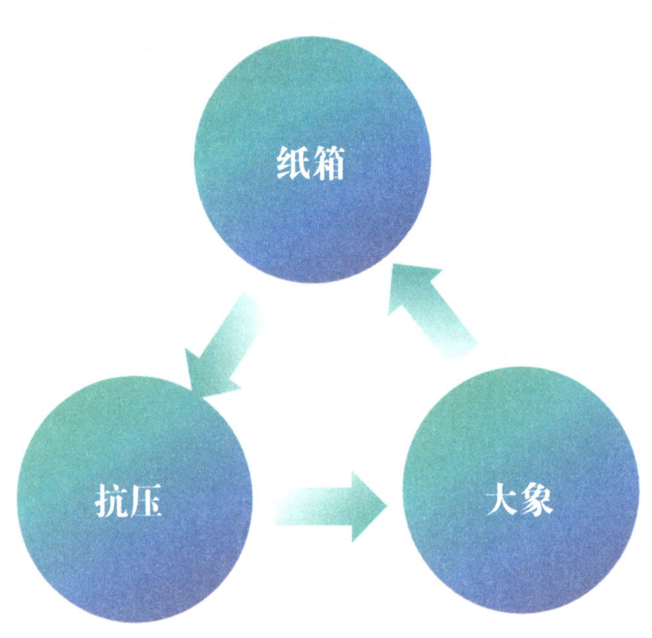

图8-9 载象纸箱运用差别阈限突破法的内在逻辑

图8-10 “1秒可感知”的载象纸箱海报

我们还服务过一个马桶洁厕宝的产品。这类产品之间最大的物理差异，来自表面活性剂的添加量，但对于用户而言，很难判断5元的洁厕宝和15元的差异到底有多大。产品本身的物理性能也没有重大突破的点，于是，我们决定从可感知上下功夫，提高用户的差别阈限值，让用户感知到我们策划的洁厕宝更厉害。

用户对传统洁厕宝的价值判断基于马桶冲洗的清洁力，这是用户的感知原点。我们在思考，什么东西能比清洁剂冲洗的力量更强大，并且能让用户更好地感知这种清洁能力。

经过不断洞察和研究，我们找到一个突破点，比冲洗更厉害的方法是“炸”——马桶污垢是被炸掉的，而不是被冲洗掉的。于是我们重新给这款产品取名为“马桶炸弹”，并把“炸弹”作为感知符号。新的产品配方中加入可以起泡的成分，让冲洗过程产生更多气泡，用小气泡“炸掉”马桶的污垢。这样，产品的可感知度马上就变得不一样，和传统产品的差别阈限一下就拉开了。

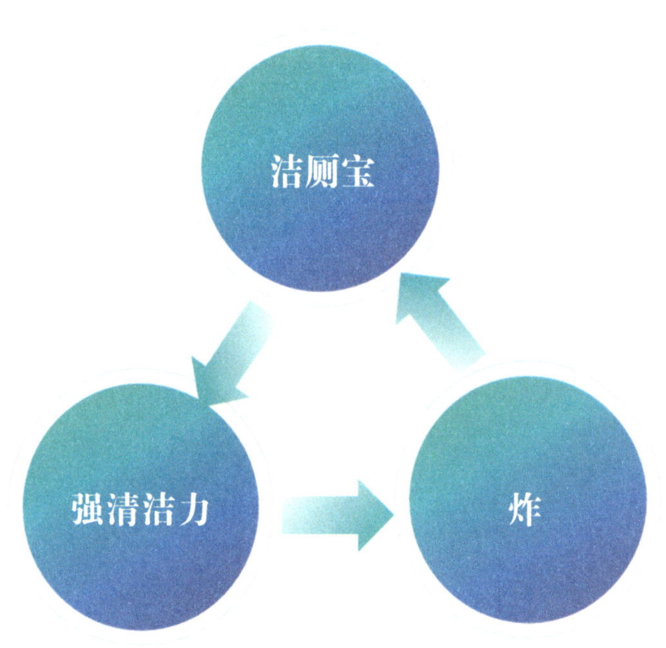

图8-11 洁厕宝运用差别阈限突破法的内在逻辑

9

如何才能让用户“1 秒可感知”

可感知设计：从名字到包装　137

优秀Slogan的“一个中心”与“三个原则”　141

放大价值钉的五觉可感知设计　143

如何将体验感知设计做到极致　149

认知转变：所有企业卖的都是体验　152

可感知实战案例：“实在湘”的进化　155

可感知设计：从名字到包装

包装可感知，首先要创意一个好的产品名称。创新一个超级爆品，就要清晰定义这个产品叫什么，要取一个可感知的品牌名和品类名。

大疆无人机刚出来的时候，很多人压根不知道为啥自己需要一款无人机。过去，无人机都是军用或商用的飞行机器，普通人似乎没有买的必要。直到大疆在传播上对无人机做了新的解释，把它命名为“会飞的照相机”，普通人一下就清楚了，并且认为自己似乎也应该拥有一台这样的照相机。

同样是做川味凉拌鸡的连锁店，其中一个品牌“紫燕”取的品类名叫“百味鸡”，另一个品牌“廖记”取的品类名叫“棒棒鸡”。这两个有什么差别？“百味鸡”一听，味道就特别好，“棒棒鸡”是四川的地域名字，外地人听不懂。结果成立于1996年的紫燕百味鸡在全国开了4000家店之后，于2022年9月26日在A股上市，而成立更早的廖记棒棒鸡在全国开了500多家店之后，就被绝味鸭脖收购了。品类名成为廖记在全国拓展的最大障碍。

品牌名也是如此。取个可感知的名字对于品牌传播尤为重要，例如可口可乐曾经的中文名叫“蝌蝌啃蜡”，宝马曾经的中文名叫“巴依尔”，这两个都是改名后有益传播的典范。丰田则是一个反面教材，面对中国市场，他们把一系列中式的好名字改为西式的名字，既难以理解，又不方便传播。例如，陆地巡洋舰更名为兰德酷路泽，霸道更名为普拉多，凌志更名为雷克萨斯，佳美更名为凯美瑞……多好的名字啊，都被改掉了。

为了让用户更好地理解，让传播更简单，还可以给产品取一个传播花名，提高用户对产品的可感知度。护肤品行业就常用小棕瓶、小黑瓶、小电瓶等花名。我们一个学员是做燃油宝的。燃油宝这个名字大家都用，并且还有汽油、柴油之分。都叫燃油宝，就没有区分度了。于是我们帮这个学员把产品重新取了系列花名，让用户更好地感知自己需要什么样的产品，如“动力宝”“高原宝”“节油宝”“年审宝”等，把产品是什么，一下就表达得非常清楚。

要做出可感知的包装设计，重点是站在陌生用户的角度，让他们能一眼看出产品的价值，实现和用户的潜意识沟通。因此，产品包装必须同时达成两个目的：一是足够差异化，能够引发潜意识的兴趣；二是产品价值能够突破差别阈限的屏障。只有同时达成这两个目的，这款包装才是成功的商业包装，才是可感知的包装。可感知的包装中还有一个点非常重要，那就是Slogan（广告语），关于它，我们下一节专门来讲。

做包装需要创意，好的创意也需要成本。有的企业家，设备买最好的，办公桌买最好的，但设计包装就不舍得花钱。包装是用户接触产品和转介绍过程中，最重要、最有效的媒介。不过，包装设计要特别防范进入一个误区，那就是美术设计很成功，商业效果很差劲。很多拿到设计大奖的包装，其实卖货极差，这需要企业家有足够的判断力。相信，通过本书讲解，只要掌握了这套爆品方法，在产品设计时，包装不偏离价值钉的方向，其商业价值是不会差的。当然，最完美的包装是美术价值和商业价值相得益彰。

小米彩虹电池和南孚电池，这两个品牌的产品大家都很熟悉，哪一个的价值更可感知呢？

小米彩虹电池，透明的塑料外壳，五颜六色的电池包装解决了设计的差异化，外观很漂亮，但产品的核心价值并没有表达出来。南孚的包装和小米比，设计感上差一大截，但产品的价值表达很清晰。南孚电池多了一个“聚能环”，它能让消费者更好地感知电量持久的特点。从可感知角度看，南孚的包装更成功。

2022年上半年，一款名叫“一整根熬夜人参水”的饮料一夜爆红，零售价19.9元。其实在“一整根”之前，也有很多企业做过人参饮料，但都不温不火。为何它能火？核心是可感知做得好——用户能看见一整根人参泡在瓶子里。

其实，从物理角度，人参粉碎后加入饮料，可能比一整根泡在里面的效果更好，但为何粉碎加入的人参饮料卖不好，整根加入的却卖火了？原因就是，用户看见了实实在在的一整根人参。当然，这个产品能不能持续火，还取决于消费者饮用后的体验，如果体验不好，这个产品也将只是昙花一现的爆红。

体验好、复购高，才能成为真正有生命力的超级爆品。

优秀Slogan的“一个中心”与“三个原则”

一句话把产品的价值钉描述清楚，这就是Slogan的重要性。很多企业的产品，花半个小时都讲不清楚价值所在，用户凭什么要掏钱购买？

一个好的Slogan，一定要符合“一个中心”和“三个原则”。

Slogan的本质是通俗易懂地表达价值钉，因此“一个中心”是以价值钉为中心，绝不能偏离，否则Slogan不仅没用，还会增加用户的识别难度，让产品变得更不可感知。

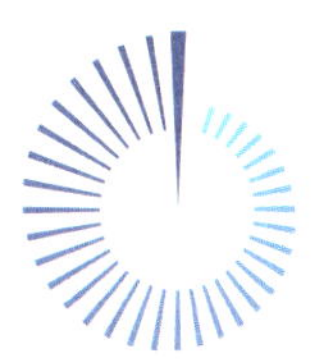

第一个原则：口语化

广告语就是日常生活用语，为的是让用户更好地转介绍传播，而不是听起来高大上，感觉很有文化。老人小孩听一遍就能复述出来，这句广告语就符合口语化的原则。

第二个原则：竞争性

广告语一说，立刻能让竞争对手的用户产生兴趣，甚至直接过来买你的产品，这样的广告语就符合竞争性原则。成都有家烤匠烤鱼连锁餐厅，它的广告语是：“不吃火锅就吃烤匠”。这样一来，烤匠的主要竞争对手就不是其他烤鱼同行，而是火锅。通过这句Slogan，从更大的火锅市场抢走哪怕很小一部分用户，都够让他们的门店天天有人排队了。

第三个原则：唯一性

不要模仿别人的Slogan，被大众熟知的就更不要用，否则很可能在帮竞品做广告。同时，有用的Slogan要坚持用、反复用，除非竞争环境发生改变，否则不要轻易放弃。

红牛曾经用“困了累了喝红牛”的Slogan打下一个200亿元级的市场，但不知为何，红牛在2013年将广告语调整为“你的能量超乎你想象”。随后，东鹏特饮借用了红牛放弃的老Slogan，修改为“累了困了，喝东鹏特饮”。

今天，新一代的年轻用户已经不知道红牛的老广告，只知道累了困了喝东鹏特饮。这句Slogan也帮东鹏特饮的年营收从2017年的28亿元提升到2022年的85亿元，而红牛则连续多年徘徊在200亿元。红牛放弃了一个很有力量的、可感知的Slogan，而用了一个模糊的、感知度更低的，这不得不说是一大营销败笔。

放大价值钉的五觉可感知设计

人接触外部信息的通道均来自“五觉”——视觉、听觉、味觉、嗅觉和触觉。因此，可感知设计也要围绕五觉开展。五觉可感知设计的目的是放大产品价值钉的价值，并且让用户能1秒感知到。

图9-1 可感知设计要围绕“五觉”开展

（1）视觉可感知

传播内容可感知设计非常重要，像产品的详情页、小视频、直播等，有可感知的内容是做好视觉可感知的基础。做内容可感知设计与包装可感知设计的底层原理一样，都是围绕价值钉，用“借力感知法”和“差别阈限突破法”，把物理层面的小价值放大为用户能感知的大价值。

德国一家做防弹玻璃的公司CEO为了宣传自己的产品，亲自测试该公司的防弹玻璃强度。这名CEO从容地坐在测试车里，员工在外面手持AK47对车子的挡风玻璃进行射击，中间只隔了一面玻璃。这个实验非常危险，稍有不慎，就有可能出现意外。没想到，员工对着挡风玻璃连续扫射十几枪后，玻璃都没有破损，只是在枪击位置出现了一点印记。这个视频一经发布就在全球传爆了，用户通过这个视频，立刻感知到这款防弹玻璃有多厉害。

小米推广空气净化器的时候，在发布会现场做了一个模拟实验。一个密闭的透明玻璃空间里被注入了大量气雾，里面的气溶胶和pm2.5数值严重超标。之后，主持人启动了提前放在里面的小米空气净化器，玻璃空间里的气雾瞬间被吸附干净，机器上的空气指标也快速回到正常数值。很多人看完这个视频就感受到了小米空气净化器的价值，最后下单购买。

（2）听觉可感知

所谓听觉可感知设计，就是通过语言或声音打动用户的潜意识。

声音是一个容易被忽略的，但极具传播价值的可感知点。例如，QQ的“滴滴”声、米高梅的“狮子吼”、新闻联播的开篇曲、麦当劳的“嗒嗒嗒嘀嗒”都是非常独特的声音，用户一听就知道。不仅如此，声音还可以用来注册商标，2014年5月1日起施行的《中华人民共和国商标法》修正案中就提到了这一变动。

声音符号不是今天的新产物，而是商业发展中已经形成的有效经验。在传统的叫卖年代，很多小商贩都有自己独特的叫卖口号，这些口号就是当年的听觉传播符号。比如，北方卖糖葫芦的叫卖声“冰糖葫芦嘞”，磨剪子的叫卖声“磨剪子嘞，戗菜刀”。声音符号需要持续不断地传播，才能让用户形成潜意识的条件反射，最后成为独特的商业符号。

（3）味觉和嗅觉可感知

味觉和嗅觉的可感知设计比较好理解，就是通过味道和气味让用户感知到产品的价值。

以门店体验为主的行业，一般都适合设计味觉或嗅觉的可感知点。

比如，很多五星级酒店，一进大堂就能闻到一种独特的香味，这个嗅觉感知是特别设计的。

又如，现场制作的蛋糕店大都开在临街的位置，方便把烘焙的香味通过排气扇排放到大街上，通过香味吸引路过的消费者进店。

再如，四川的火锅能火遍全国，和它浓郁的味道密切相关，路过四川火锅店，里面飘来的火锅香味就能勾起人的食欲。类似的还有长沙的臭豆腐、广西的螺蛳粉等，这两者都是因为味道足够浓郁，所以生意足够火爆。

洗护市场也有很多靠香味出道的品牌，例如阿道夫就是靠独特的香型在洗发水市场脱颖而出，成为超级爆品。

（4）触觉可感知

触觉可感知设计，顾名思义，是设计用户触摸、接触产品时的可感知点。触觉感知和用户体验的联系更紧密。前面设计得再好，用户的接触体验、使用的感知很差，就可能给差评，很难再复购，口碑也会非常糟糕。

我们曾经有个学员，做了一款智能烟斗产品，把市场买的卷烟放进烟斗，经智能烟斗加热后再抽，可以大幅降低吸入的焦油量，并且能在保留烟草味道的同时，减轻香烟对身体的损害。按理说，这款产品非常不错，满足了很多烟民想健康抽烟的需求。据不完全统计，全国约有3.5亿烟民，市场广大，前景也非常好，但这个产品就是卖不好。

后来，生产这款产品的企业老板带了一个样品到我们课堂。下课期间，我们让会抽烟的同事试用。结果好几个同事折腾半天，硬是没有成功开机。最后问这个老板，老板说了一个反人类的操作方法：这个产品的开机不是常用的长按3秒，而是连按5下……我们把意见反馈给老板，结果他不仅不接受意见，还责怪我们没看说明书，说这样精心设计，就是为了防止误操作。不得不说，这个体验真是太糟糕了。

做爆品不一定需要十年磨一剑去做颠覆式创新，用微创新和强体验创新同样可以。

我们曾经帮一个蛋糕店的学员设计了一款面包，其价值钉确定为“松软”。松软代表发酵效果好，口感也更好，但如何才能让用户感受到这款产品的松软呢？我们在面包上设计了一个指纹符号。很多用户看到指纹，下意识就会去按。这一按，面包马上会回弹，用户立刻可以体验到松软。后来，这个单品一上市，就成为门店的网红级爆品。

微信曾经推出了一款叫“跳一跳”的小游戏，用户通过按压时间的长短，就能控制跳跃距离的远近，简单易操作，一推出就让很多用户上瘾，它就是做好用户触觉可感知设计的典型。

好的触觉体验给人带来的愉悦感，是视觉、听觉、嗅觉等无法媲美的，它更加真实。因此，对于需要通过接触来感知的产品，一定要做好触觉可感知设计，方便用户更好、更快地感知产品的价值。

如何将体验感知设计做到极致

做可感知设计，就是为了让用户识别产品的价值，从而产生购买行为。如果一款产品能让用户体验后形成强感知，产品的价值就更容易进入用户的潜意识系统，形成品牌映射，从而不断产生新的复购，让用户更忠诚于品牌。可是，如何让产品具有极致的体验感知呢？

极致体验，为的是加深用户对产品价值的认知。海底捞的价值钉是服务，他们把大众餐饮服务做到了极致。海底捞做过调研，在极致服务下，用户对海底捞火锅的满意度也大幅度提升。对于火锅，消费者的第一需求一定是好吃，其次才是服务。人的体验感受是各种感知的集合，对某个点有明显喜好时，对整体的好感也会提升。

互联网时代，很多产品根本不投放广告，仍然能成为红极一时的产品。这些产品为何能突然爆红？主要还是产品的体验感知设计做到了极致。

很多人买苹果的产品，并不是因为看了苹果的广告，而是看了苹果每年战略级的发布会，或者到线下门店亲身体验过，它们是苹果用户获得体验感最重要的渠道。

线上发布会的体验设计是苹果手机打爆的关键之一。苹果每年的产品发布会，全程都在做产品价值的各种演示，让全球的用户2个小时就能感知到苹果产品的价值，从而被征服，成为“果粉”。早期，乔布斯在做每一场发布会前更是精心准备，不放过每一个演示细节。

另一个关键，是线下门店的体验感做到了极致。为了做好线下苹果零售门店的体验，乔布斯在2000年，跨界聘请美国知名零售商塔吉特的副总裁罗恩·约翰逊来设计。

把店开在什么地方，这是苹果内部起初争议最大的地方。乔布斯抛弃了传统电脑企业的做法，他没有选择在偏僻的地方开一个小店面，让用户专门开车跑一趟，而是跟服装快消品牌一样，在CBD、繁华的购物中心开大店，让用户像逛服装店一样逛苹果店。

关于店面设计，乔布斯要求简约、有创意，连产品的陈列方式、地毯、柜台等细节都精益求精。而且，苹果店一开始的设计就不只是来销售产品的，而是要让用户体验到苹果跟传统电脑不一样。除了展示产品之外，店内还会发布从周一到周日的产品体验介绍课程，让用户快速感知产品的价值。这样一来，人们就可以在苹果店里面深度使用、体验产品，苹果店也就成了打动用户的重要窗口。

最初，这种大胆的想法被董事会严词拒绝了，一些专家也对此看衰。但是，乔布斯顶住压力坚持了下来。事实证明，乔布斯是对的，在体验感知上的大胆创新，加上对用户体验的极致追求，让第一家苹果店一开出来就取得了巨大成功，高峰时期，曼哈顿第五大道上的苹果店，客流量达到5万人/周。到2022年年初，全球苹果直营门店超过500家，仅中国市场就有超过50家店，线下门店为苹果带来的营收超过15%。

后来，华为、小米等国产手机品牌纷纷模仿苹果的门店体验设计，也取得了巨大成功。现在，连新能源电动汽车也在走苹果门店的路线，原本那些位置偏远的4S店，纷纷被开在繁华商圈的高端体验店取而代之。

说到车再多说两句。国内最受欢迎的两大造车新势力品牌，一个是理想，一个是蔚来。它们最突出的其实都不是技术，而是产品体验。理想汽车创始人李想，曾是汽车之家的创始人；蔚来汽车创始人李斌，曾是易车网的创始人。汽车之家和易车网是中国最大的两个汽车门户网站，这或许可以解释为什么理想和蔚来的产品体验做得更好——他们造车是基于用户思维，而不只是技术思维；是产品经理思维，而不只是工程师思维。

认知转变：所有企业卖的都是体验

企业卖的是什么？是产品吗？这个说法不完全对。因为企业真正销售的是体验，消费者愿意为好的体验买单。至于所谓的形象、定位、符号，都是产品的附加物而已。

从“广告重复进入潜意识”到“产品体验进入潜意识”，这就是过去这些年发生的重要变化。品牌建设不再只依靠广告投放来建立高知名度，而是靠全方位的产品体验来形成强感知。

为了让消费者能了解产品的好，企业就必须做认知教育，花钱向消费者做宣传。但是，产品越复杂、技术越高精尖，传播成本就越高，难度就越大。企业花了大价钱，消费者还不一定感兴趣。

企业说“我的产品这么好”，消费者说“跟我有什么关系”，这就成了企业营销现实的困境。这种情况下，我们就应该强调体验，毕竟强体验就是强感知。

消费者对一款产品价值的感知，与这款产品带来的体验有关。如果产品设计精致、包装精美、店面高档、销售人员专业、服务周到，消费者就会认为这个产品品质一流、技术先进。如果产品设计和服务各方面都很简陋，消费者肯定会心存疑虑。

体验是可感知、可触摸、可视化的产品价值，它能让内在的价值外化。消费者感受到了好的体验，品牌方就不需要再长篇大论、喋喋不休地自夸。

有没有好体验是判断企业是否具备竞争力和增长力的重要标准。体验根植于产品，内化于场景，聚焦于用户。有了强体验，品牌就能受到一批消费者的青睐，从而完成用户积累，并由此扩散口碑，自发传播。这就解决了企业战略中，增长驱动力从何处来的问题。

众所周知，白酒行业，尤其酱香型白酒，因为品牌已经头部化，新品牌很难入围，但有一款酒凭借极致的可感知设计做到了。截至2022年，这款酒一年销售额超过20亿元，它就是酣客酒。

酣客酒采用的是“酒窖＋社群营销”的模式。在日常生活场景中，同档次的白酒，一般消费者根本无法判断谁优谁劣，传统营销中往往是品牌传播声浪更大的胜出。酣客却另辟蹊径，不从品牌广告入手，改从用户可感知入手。酣客发明了“白酒封测＋盲测”的可感知方法，产品的测评和品鉴不再单纯依靠专家，而是让用户参与进来。用户觉得好，就是真的好。

火检法、手搓法、兑水法、拉酒线、看酒花、看杯挂……这些测评方法，普通消费者自己就可以做，酣客允许消费者用这些方法自行测评产品的质量。同时，酣客还在全国范围做了几千场消费者盲品品鉴会，让用户感知到酣客酒的酒质和茅台不分上下，而酣客酒的价格却比茅台低很多，从而通过高性价比成功征服用户。因此，酣客的年销售额很快就从0做到了20亿元。

酣客的成功，就是把用户可感知做到极致的结果，是一种完全颠覆传统白酒“高举高打”的方法。更重要的是，但凡参与过酣客测评的酒友，几乎不会换酒了。因为，酣客的好不是酣客说的，而是酒友们说的。很多酒友成为酣客铁粉后，也愿意免费帮酣客做口碑转介绍，以口口相传的方式做大酣客的用户群体，让酣客一步步成为酱香白酒中的佼佼者。

因此，即使产品的物理性质很难做出差异化，通过可感知的设计，仍能让用户形成不同的感知，从而赢得用户。

可感知实战案例：“实在湘”的进化

实在湘是开在广州的一家湘菜连锁餐饮店，门店主要集中在白云区，一共8个直营门店。最初，这些门店虽然都属于实在湘，但在运营中都以个体单店形式出现，各店的装修风格甚至店名都不一样。实在湘的老板希望，这些门店能从个体店经营转向品牌连锁经营，整个实在湘品牌能走出广州白云区，面向更大的区域做连锁店。

这个战略转型该怎么做，老板没有头绪，最后找到了我们。

图9-2 发展初期，“实在湘”连锁餐厅的风格并不统一

接到这个案子，我们首先思考的是：怎样才能让用户愿意主动进入实在湘吃饭。毕竟在广州，几乎每个商圈都有多个湖南菜馆，用户为何要去实在湘呢？

经过研究和深度洞察，我们确定实在湘的价值钉为好吃又实惠的湘菜，主打性价比。但怎样才能让用户感知到实在湘的性价比高，但又不掉入低档次、便宜无好货的感知陷阱呢？

在做好实在湘1公里深的价值定义后，我们重点从可感知进行创意，让用户感知到性价比，而不是单纯让餐厅一方自夸性价比，这点极其重要。如果实在湘说自家的菜性价比高、便宜，用户就很容易陷入低档湘菜的感知陷阱中，这对实在湘的长期发展极其不利。

那么，高性价比的1秒可感知，我们又该如何为实在湘设计呢？

（1）找到感知突破点

传统的湘菜馆，可感知差异其实很小，各种湘菜概念已经被滥用。结合价值钉的性价比需求，我们决定用差别阈限突破法寻找新的感知原点。

经过反复研讨，我们最后洞察出一个既能让用户感知性价比，但又不会陷入感知低价陷阱的点——大碗。用户的感知原点，由过去的小碗提升到现在的大碗，突显了产品性价比的价值钉。同样价格，用大碗装得更多，这就是性价比的感知突破点，一下拉大了差别阈限，同时，把大碗作为一个符号，也能突破用户的注意力陷阱，快速抓住用户的眼球。

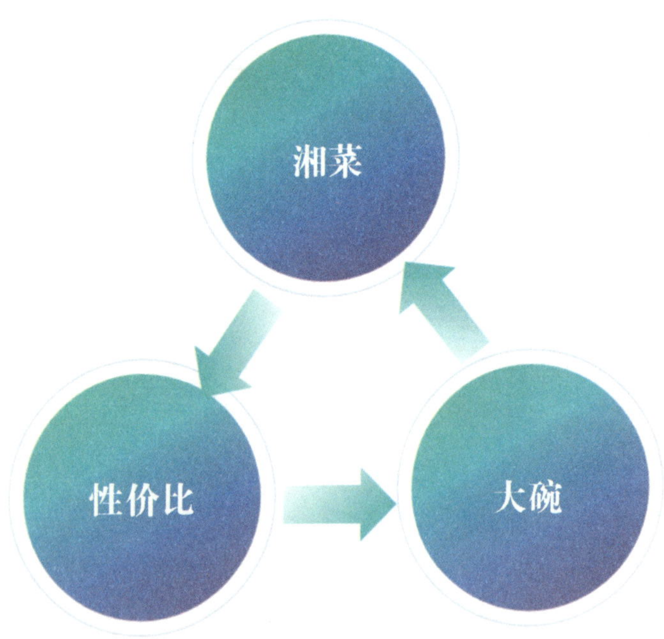

图9–3 实在湘大碗湘菜运用差别阈限突破法的内在逻辑

（2）包装可感知设计

实在湘的价值钉主打性价比，不过性价比的落脚点是分量大，而不是定价便宜，总体定价和同行差不多。作为湘菜，主要消费场景是朋友聚会或家庭聚会，同时作为社区店，复购率非常重要，而且本质需求是好吃，但“好吃的湘菜”这个点该如何体现呢？我们找到一个名字——土菜。再结合可感知突破点的“大碗”，我们决定把实在湘的品类名确定为“大碗土菜”，意味着“分量大，又好吃”。

确定Slogan时，我们借用了实在湘名字里面的“实在”，确定为“实实在在，大碗土菜”，重点突出“分量大”这个高性价比的产品价值。

（3）五觉可感知设计

视觉上，我们把餐厅原来的盘子全部去掉，所有的菜都改用大碗的形式呈现，而且每一只碗都经过精心设计，让分量大与美感兼备。

听觉上，我们做了一条洗脑式广播，往沿街人行道循环播放：“实在湘，每年卖出超过100万份大碗土菜！实实在在，大碗土菜！”

味觉和嗅觉上，我们与老板沟通，在菜品出品上必须坚持高标准，坚持按照湖南的原汁原味烹饪剁椒鱼头、小炒肉等经典湘菜，同时主张将茶油土鸡、牛三鲜、牛杂煲等招牌菜打造成进店的必点菜。毕竟作为餐厅，最重要的是好吃，好吃才能锁住用户。

触觉上，为店菜牛三鲜设计了一段上菜仪式，有一段跟碗和祝福相呼应的快板，让前来消费的食客记忆深刻。

图9-4 经过统一设计的“实在湘”连锁餐厅

实在湘选了一个门店作为试点，落实了上面一系列的优化改进方案，效果非常好。升级后的实在湘即使在经营困难的疫情期间，也保持了非常好的业绩和利润回报。由此可见，再难做出差异化的行业或产品，只要可感知设计做到位，也能脱颖而出，赢得用户。

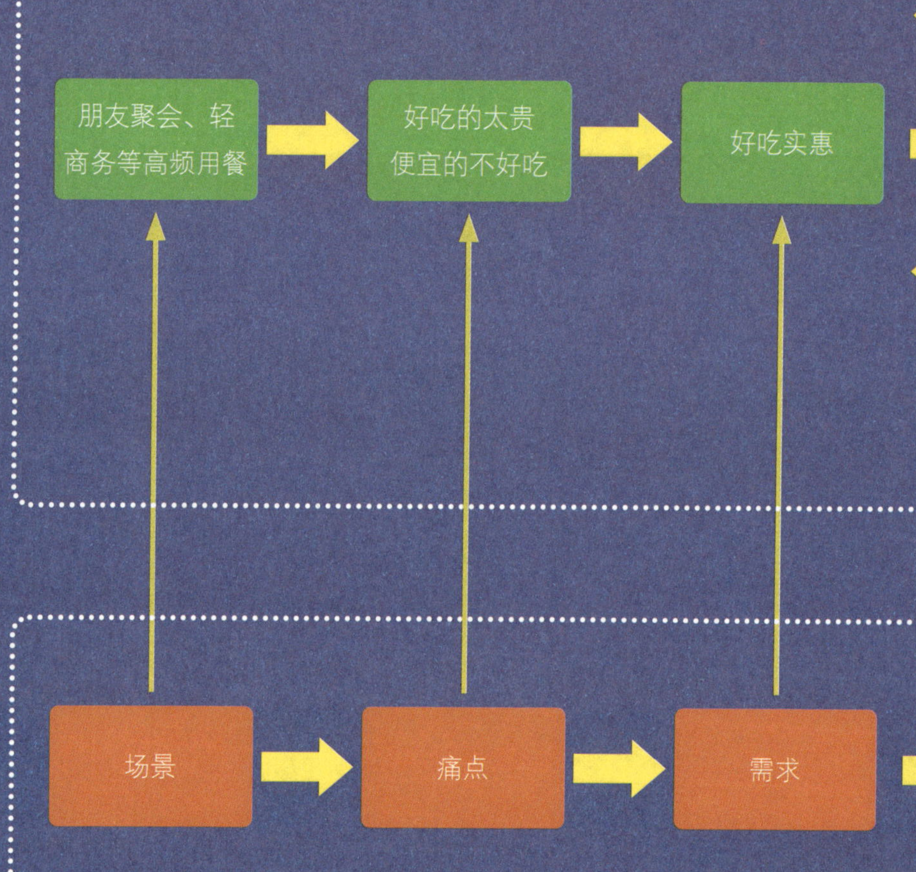
用 户 思
朋友聚会、轻
商务等高频用餐
好吃的太贵
便宜的不好吃
好吃实惠
场景
痛点
需求
商 业

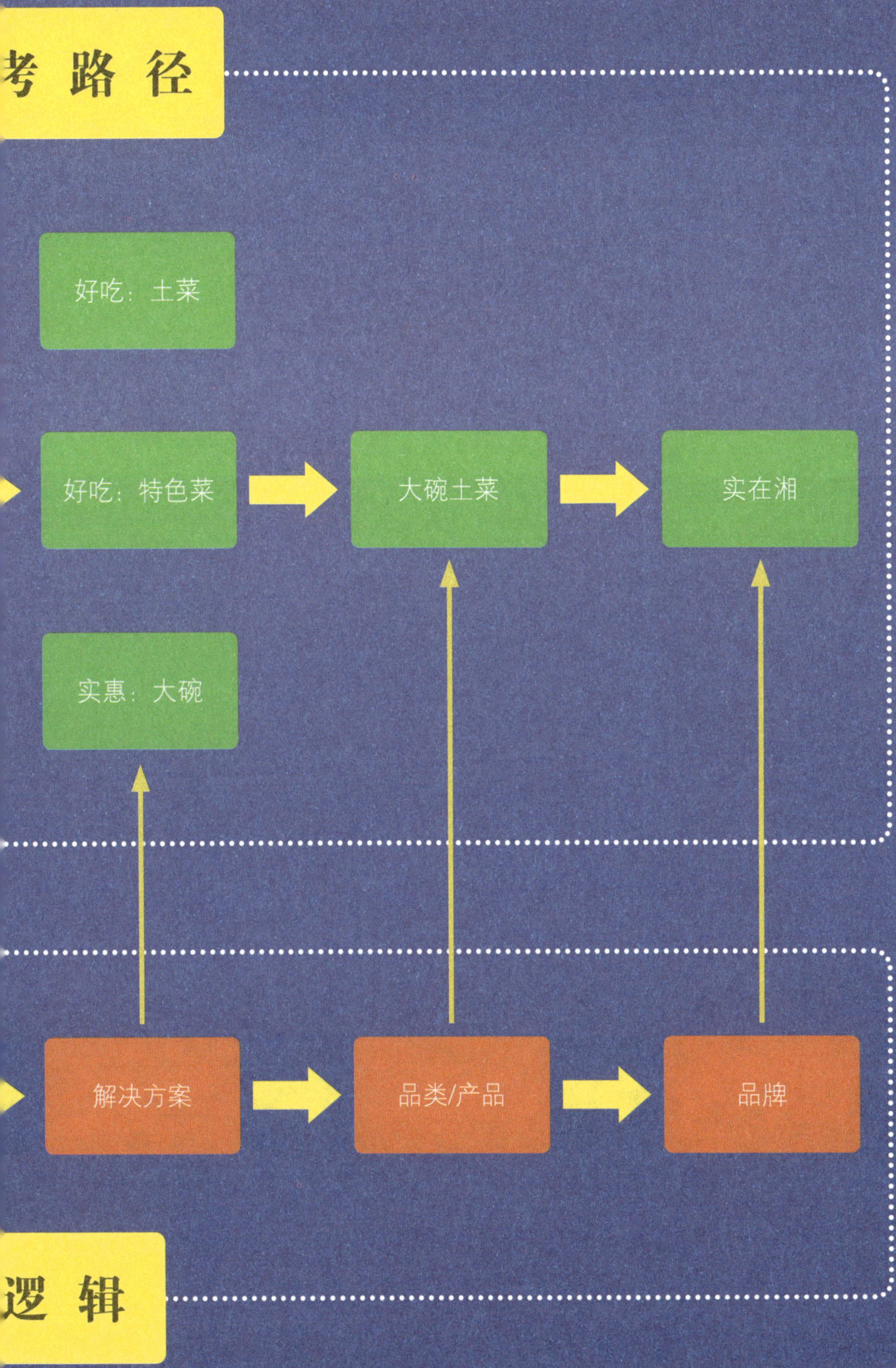

考 路 径

好吃：土菜

好吃：特色菜

大碗土菜

实在湘

实惠：大碗

解决方案

品类/产品

品牌

逻 辑

案例综合篇

各行各业都有各自的优势和难处，但我们相信商业的底层逻辑是相通的。我们也在不断扩大超级爆品底层逻辑的应用行业与场景，目前还没有发现例外。

10

杰克“快反王”：从“服务更好”到“技术领先”

1厘米宽价值钉：来料通吃的平缝机　170

1公里深价值定义：智能匹配送布力与穿刺力　176

1秒可感知：新包装、新口号、新实验　180

杰克科技股份有限公司是全球缝制设备行业产销规模最大、综合实力最强的企业之一，也是软硬件一体的服装智能制造成套解决方案服务商，2021年营收规模超过60.54亿元，产品行销全球150多个国家和地区。

2022年年初，杰克找到我们，希望能够帮助打造一款超级爆品，优化产品结构，降低生产及管理成本，解决企业营收很大，但产品SKU（最小存货单位）过多的问题，给企业带来更多的经营效益。但是，具体把哪款产品升级为超级爆品，企业内部有分歧，有的主张高端机，有的主张中端机，谁也不能说服谁。

我们决定先深入调研，了解情况后再做决断。

图10-1 杰克科技股份有限公司厂区外景

克股份

1厘米宽价值钉：来料通吃的平缝机

调研过程中我们发现，杰克有非常强的研发实力和技术能力，且有很多技术储备，无论研发投入还是技术专利数量，都是全球遥遥领先，但很多技术并没有被有效商用。

通过走访终端用户的服装工厂，我们发现车工和服装厂老板都认为杰克的服务品质远高于同行，但对杰克缝纫机的品质和性能，评价则没有服务品质这么高。这与杰克之前的品牌定位有很大关系。“快速服务100%”的Slogan，导致用户认为杰克的服务非常好，但没有突出任何的产品品质优势。

在调研竞品时我们还发现，所有缝纫机品牌都在用技术语言进行营销。各种复杂的技术参数和五花八门的卖点，让用户根本搞不清楚谁家的机器更好。而在实际使用中，每个品牌的产品都能满足基本的生产需要。于是，谁家让利幅度大，谁家服务更积极，谁就能获得订单。

处在这样的竞争格局下，杰克不得不推出更多的机型来应对不同的竞争对手，维持市场“一哥”的地位。

随着缝纫机械行业竞争的加剧及成本的上升，价格竞争日益激烈，盈利能力逐渐下降，这不利于行业及企业的健康、规范、可持续发展。杰克主力机型A4平缝机的终端零售价在3000元以内，高于竞品价格300 ~ 700元。杰克团队有个特别大的梦想，希望主力机型的终端零售价能够站上3000元的价格带，当时杰克在这个价格带上的产品销量，和主力机型一对比，根本不值一提。更重要的是，当时国内零售价超过3000元的平缝机产品，几乎都被国外品牌垄断，国产品牌的市场份额极小。

研究杰克缝纫机的同时，我们也研究了服装行业。当下，服装的时尚个性化消费已经成为主流，这使得服装生产订单具有小批量、多批次，快交货的特点，要迅速响应市场需求的变化，也就是常说的“小单快反”模式。

这种形势下，我们发现服装制造工厂两极分化非常严重，一方面是超大型工厂的集约化生产，一方面是中小型工厂甚至小微工厂的小单快反生产，这两者对缝制设备的需求差异非常大。大型工厂往往配有专业的机修团队，在批量化生产服装前，会通过机修对平缝机进行调试，让机器更适应待加工的面料和款式，确保产品生产的稳定性及品控要求。

中小型工厂主要加工小单快反的订单，一台机器可能上午生产牛仔裤，下午生产网纱裙，晚上生产羽绒服。而这些工厂，大多没有专职的机修能力，都是购买的托管机修服务，而托管的机修工人并不驻厂，需要时预约机修工上门服务。同样的机器生产不同的面料，不经过专业调试，就会出现大量的跳针、断线等问题，这是中小工厂最大的痛点。同时，纵观服装行业的发展，市场对个性化服装的需求越来越强。因此，小单快反的市场将越来越大，而规模化的服装生产市场份额将逐步降低。中国第一个成功出海的服装品牌希音（Shein），就是在这样的背景下，通过高效的服装款式创新，成功进入欧美市场。

基于上述洞察，我们建议杰克做一款小单快反的专用平缝机。这个领域的用户痛点很痛，我们有信心把它打造成杰克的主力机型，并且让它的零售价站上3000元的价格带。因为我们相信，只要产品足够好，用户首先考虑买更好的；只有产品质量都差不多时，用户才会考虑买更便宜的。

杰克接受了我们的意见，同意打造一款旗舰主力机型，同时对整个产品线进行梳理，重新布局产品线，压缩大部分不必要的机型。

于是，我们开始策划杰克的旗舰平缝机产品。

图10-2 摆在杰克缝纫机面前的各种痛点

用超级爆品的方法论，打造一款用户喜欢、需要的平缝机，我们认为没有想象的那么难。在分析完针对1500多位车工、老板、机修人员的问卷调研数据后，我们发现了大量的用户痛点和问题。

对中小服装工厂而言，他们最大的痛点是因跳针、断线、死机、黑屏等导致的停工问题，而小单快反的订单模式，又必然导致这些问题频繁出现，严重拉低工厂出货效率，影响车工和老板的收益。如果能做出一款能最大限度减少跳针断线的产品，就能大幅度提升工厂效率。于是我们确定，当前小单快反服装工厂对平缝机的最大需求，就是在频繁换料、换款的工作条件下，设备依然具有高度稳定性。

我们和技术团队一起深度研究了频繁跳针、断线背后的原因，并且发现杰克利用现有的技术储备，在几个关键点上再给时间进行验证，完全可以大幅降低换款、换料过程中，跳针、断线问题的发生频率。融入这些技术将不可避免地提高产品的生产成本，但杰克团队表示这个问题他们可以想办法。

至此，我们确定了产品的技术解决方案与方向，并将价值钉定为“面料强适应”，结果定义就是“换款不停车，一直开”，包括：全料通吃不停车、全款能缝不停车、换料换单不停车。

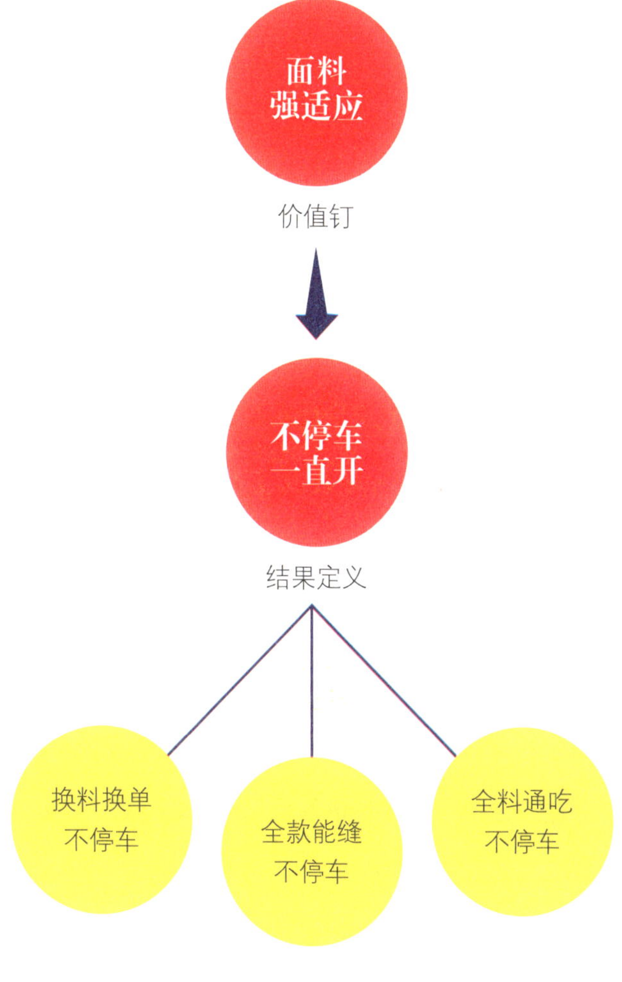

图10-3 “不停车一直开”的内在逻辑

1公里深价值定义：智能匹配送布力与穿刺力

怎么才能真正做到“不停车，一直开”？杰克的最优解方案又是如何构建的？

首先，我们需要知道换料、换单时，发生跳针断线的原因。和技术团队不断碰撞后，借助高速摄影机，我们发现跳针断线、布料太厚过不了等情况，背后的根本原因要么是平缝机送料牙的送布力不够，要么是针尖的穿刺力不够，要么是这两个力的配合出了问题。换料换单时自动实时调整机器参数，提高机器送布力和穿刺力的匹配度，并且有足够强大的送布力与穿刺力做支撑，才能极大减少跳针断线的发生率。

也就是说，如果平缝机能根据不同面料，动态调整强大的送布力和穿刺力，频繁跳针断线的问题就能得到有效解决。但这一技术最大的难点，是让设备高速运行时也能动态调整这两个力，突破这项技术难关，是做成这款产品的关键。

为此，杰克技术团队把储备已久的AI（人工智能）技术用到了这款产品上，通过AI算法，让该机器具备快速适应、动态调整的能力。与此同时，杰克技术团队还为这款机器装配了性能更强大的电机。

经过前期5年多的技术积累与沉淀、创新与突破，再经过近一年的整机设计和严苛测试，杰克技术团队最终完善了整个新设备技术方案，顺利完成了新品研发。我们将该方案命名为“A.M.H面料自适应系统”，它包括两大核心技术：九脑章鱼AI芯片、大力猿电机。

图10-4 杰克新产品的两大核心技术

九脑章鱼AI芯片，能通过实时的送布与穿刺数据变化来感知面料的变化。一旦发生变化，九脑章鱼AI芯片就会高速运算送布和穿刺协同参数，并将它们同步给两个大力猿电机。其中，送布电机优化送布力，主轴电机优化穿刺力，通过力度组合的精准输出，实现不同面料连续缝纫不用调。而这一过程必须在瞬时完成，否则跳针断线仍会发生。解决这个问题，就要依赖强大的A.M.H系统。该系统能确保电机即使在4000转/分的运行状态下，每缝1针也能实现至少150次的数据监测与参数调整，这样的响应速度能让设备完美自适应各种面料，全程无须人工干预。

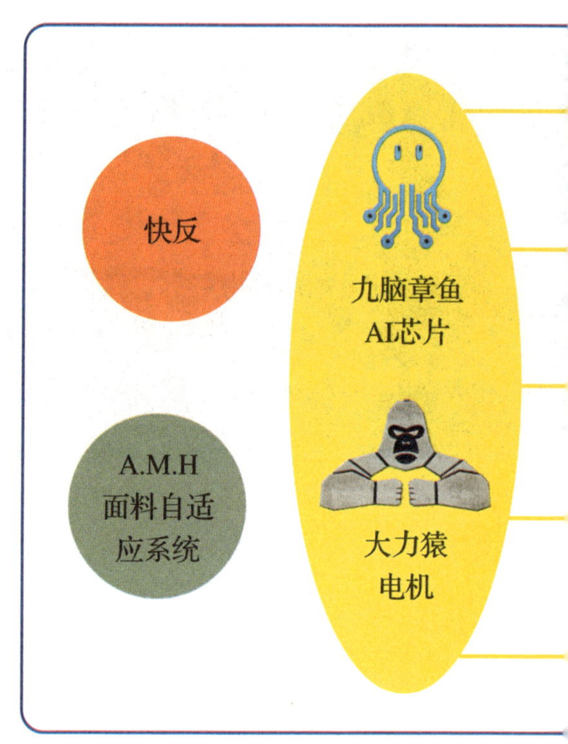

经过测算，对比上一代A4平缝机，在同工况下，新设备的跳针断线频率降低了20%，缝密度布与丝光线的抛线、劈线频率更是降低了50%以上，且全程无须人工调试，全自适应，大幅提高了设备在小单快反场景下的工作效率。

杰克研发的这款新设备拥有70多项专利，是一款真正能同时适应缝制极厚、极薄、极弹等面料的智能缝纫机，可应对服装生产小批量、多批次、多款式的新变化，实现“日缝百款不停机”的目标。

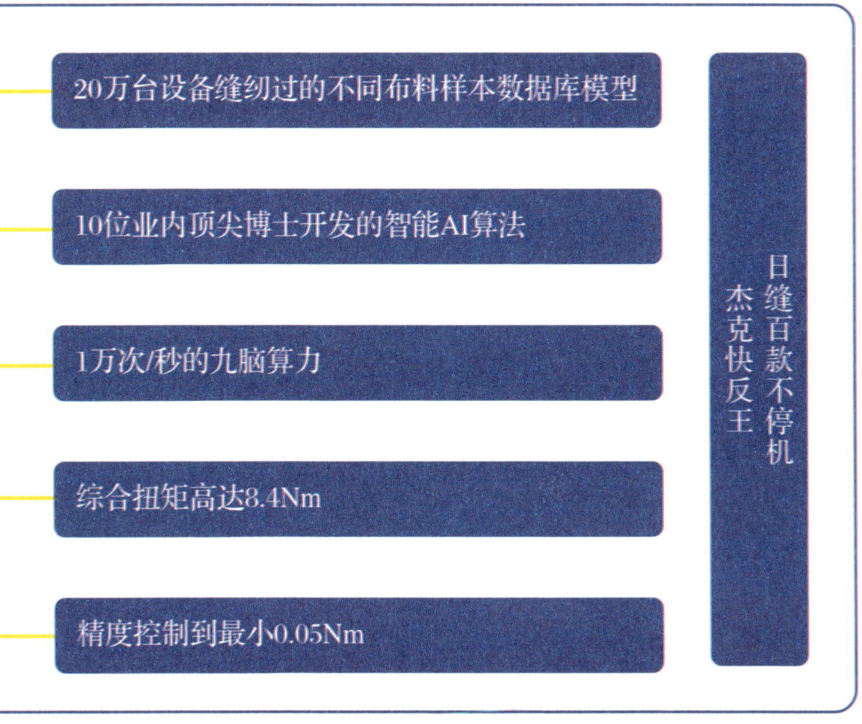

图10-5 赋能新产品的A.M.H面料自适应系统概况

1秒可感知：新包装、新口号、新实验

为了让用户快速感知并认同这款平缝机的价值，颠覆用户对传统平缝机的感知，改变对杰克“只是服务好”的刻板印象，形成口碑效应，我们从三个方面进行了精心设计。

首先仍然是包装可感知。

为了让用户更好地感知这款产品与传统平缝机的不同，整个外观采用了偏高科技风的设计，并且把产品花名“快反王”印制在机身正面。这也是杰克第一次把中文标识印制在机身正面。“快反王”的花名能让用户迅速明白——这是一款做小单快反的专用平缝机，减少了传播的解释成本。同时，“快反王”也在平缝机领域开创了一个全新的品类——快反专用机。

图10-6 印有广告语“日缝百款不停机”的快反王海报

我们还用一句广告语说清了“快反王”的价值——日缝百款不停机，也就是“快反王”不管什么款式、料子都能缝。这为品牌的高效传播奠定了基础。

上述设计能让用户快速感知产品的价值，但如何才能让用户相信“快反王”真的能做到“日缝百款不停机”呢？如果用户不信，“快反王”对于用户仍然只是一个概念。把一个概念转化为销售业绩，过去需要投入高昂的传播成本。我们希望通过可感知设计，让用户1秒相信产品价值，从而让厂家不烧钱也能完成品牌的免费口碑传播。为此，我们精心设计了两个极端实验：强穿刺力实验与送布力拔河比赛。

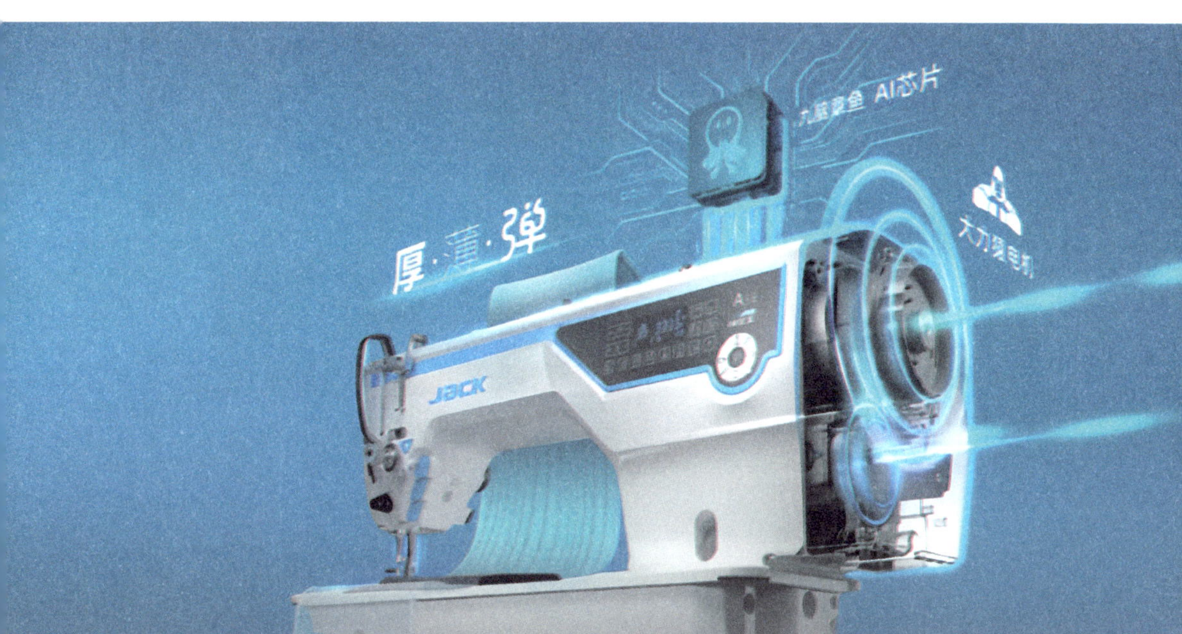

在强穿刺力实验中，“快反王”轻松穿刺了105页A4纸，这相当于7枚硬币的厚度。

图10–7 强穿刺力实验海报

而在送布力“拔河”比赛中，一根布条同时连在“快反王”和竞品之间，两台设备同时发力送布，结果“快反王”轻松取得了胜利。这两个极端实验展示，突破了用户对传统平缝机的认知，让人们对“快反王”产生了极大好感。

图10–8 送布力“拔河”比赛实验现场

不过，这两个场景都不是应用场景。为了彻底征服用户的感知系统，我们还设计了一场极限面料连续缝制大挑战。为了模拟最苛刻的生产场景，我们挑选了三种极端场景的面料，并将它们拼接在一起，先是10层牛仔布料叠加一层金属铜板模拟极厚场景，然后是单层网纱料模拟极薄场景，最后是四面弹瑜伽服面料模拟极弹场景。整个过程在公证处公证下进行。结果，“快反王”轻松完成了连续缝制的挑战，一卷底线用完，没有出现一次跳针或断线。具备这种强大能力的“快反王”，自然可以缝制各种极具挑战的创意服饰，这也给服装设计师留出了更大的发挥空间。

图10-9 极限面料连续缝制大挑战

图10-10 2023年6月16日，快反王全球发布会顺利召开

把这一切都设计出来后，我们决定召开一场杰克历史上规模最大的全球发布会来引爆整个市场。2023年6月16日，主题为“快反时代，谁敢称王”的上市发布会如期举行，并面向全球线上直播，一共吸引了30多家媒体、50万全球观众，共同见证“快反王”的全球发布。

截至发布会当日24时，零售定价3200元/台的“快反王”，全球订货量达151609台，超过上一年杰克的全球销冠产品“A4平缝机”的年总销量。而且“快反王”的这一数据，于整个缝纫机行业而言都是史无前例的。可以说，“快反王”成了2023年平缝机行业当之无愧的“超级爆品”。

复盘这个案子，我们超预期地实现了合作前的目标：打造一款能够站上3000元价格带的“超级爆品”，并以此改变用户对杰克品牌的感知。现在，大部分接触过“快反王”的用户，已经不再简单地认为杰克最厉害的是服务，而是认为杰克掌握了核心技术。“服务更好”的杰克已经通过“快反王”，成功升级为“技术领先”的杰克。

杰克董事长阮积祥在总结会上说：“只有超级爆品才能做到单点击穿，实现不烧钱抢占用户心智。”杰克营销副总裁邱杨友说：“超级爆品让杰克真正意义上脱离了价格战，超级爆品让杰克实现了从服务营销向价值营销的转型。”阮总和邱总的总结既是对超级爆品的肯定，也是杰克对多年来购买不同咨询服务实践的感触。

2023年8月18日，杰克与我们续约，委托我们全程参与打造两款超级爆品。后续，类似的超级爆品将源源不断地问世，背后用的都将是超级爆品的方法论。

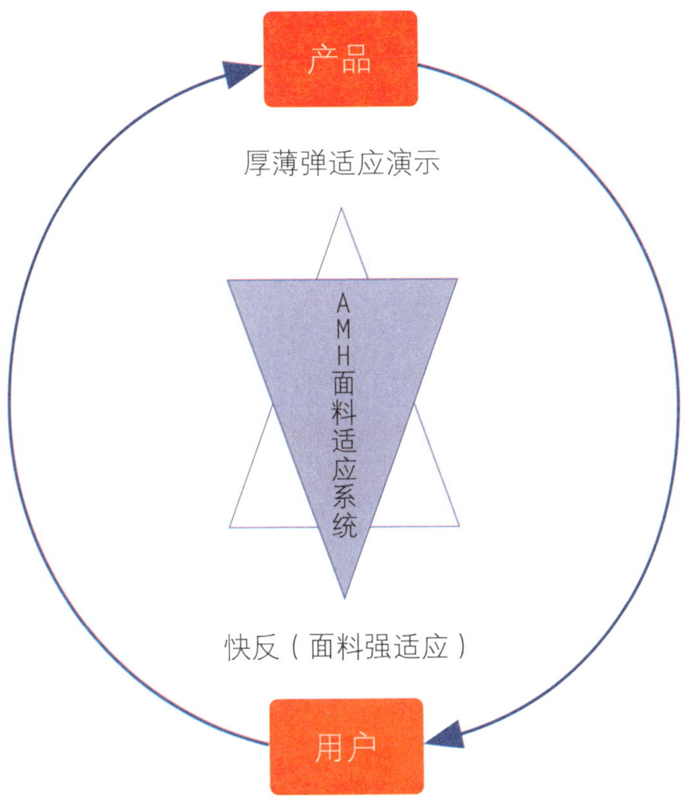

图10-11 “快反王”三维模型图

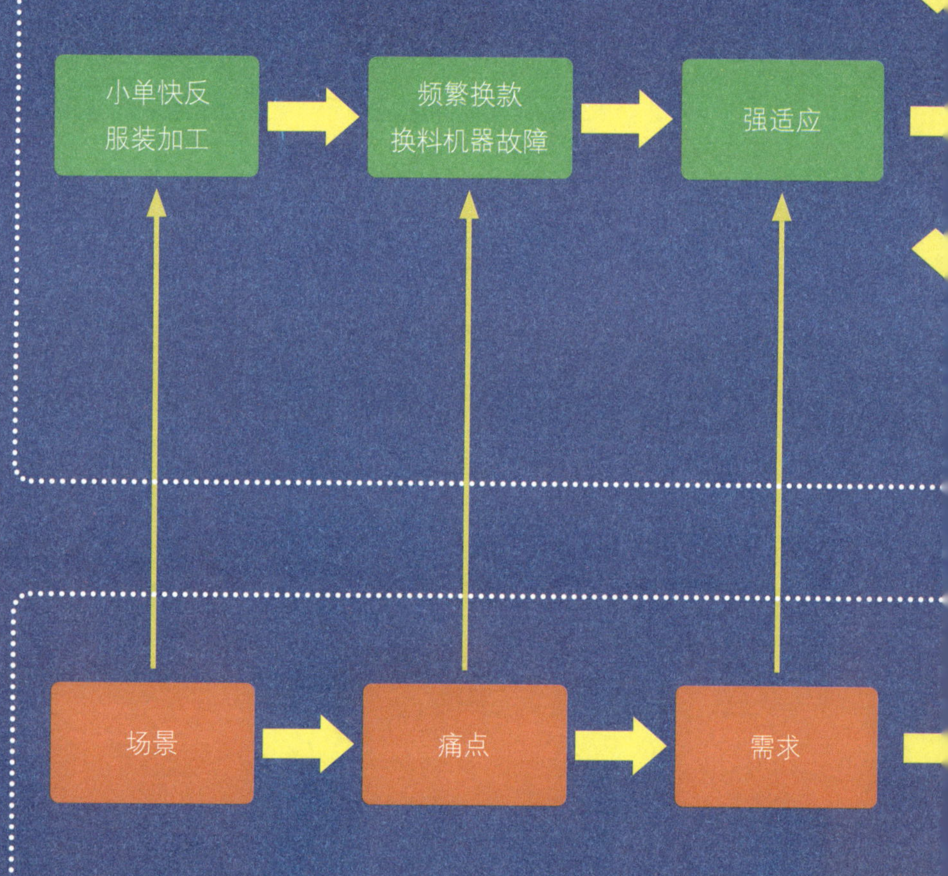

杰克用户
小单快反
服装加工
频繁换款
换料机器故障
强适应
场景
痛点
需求
战

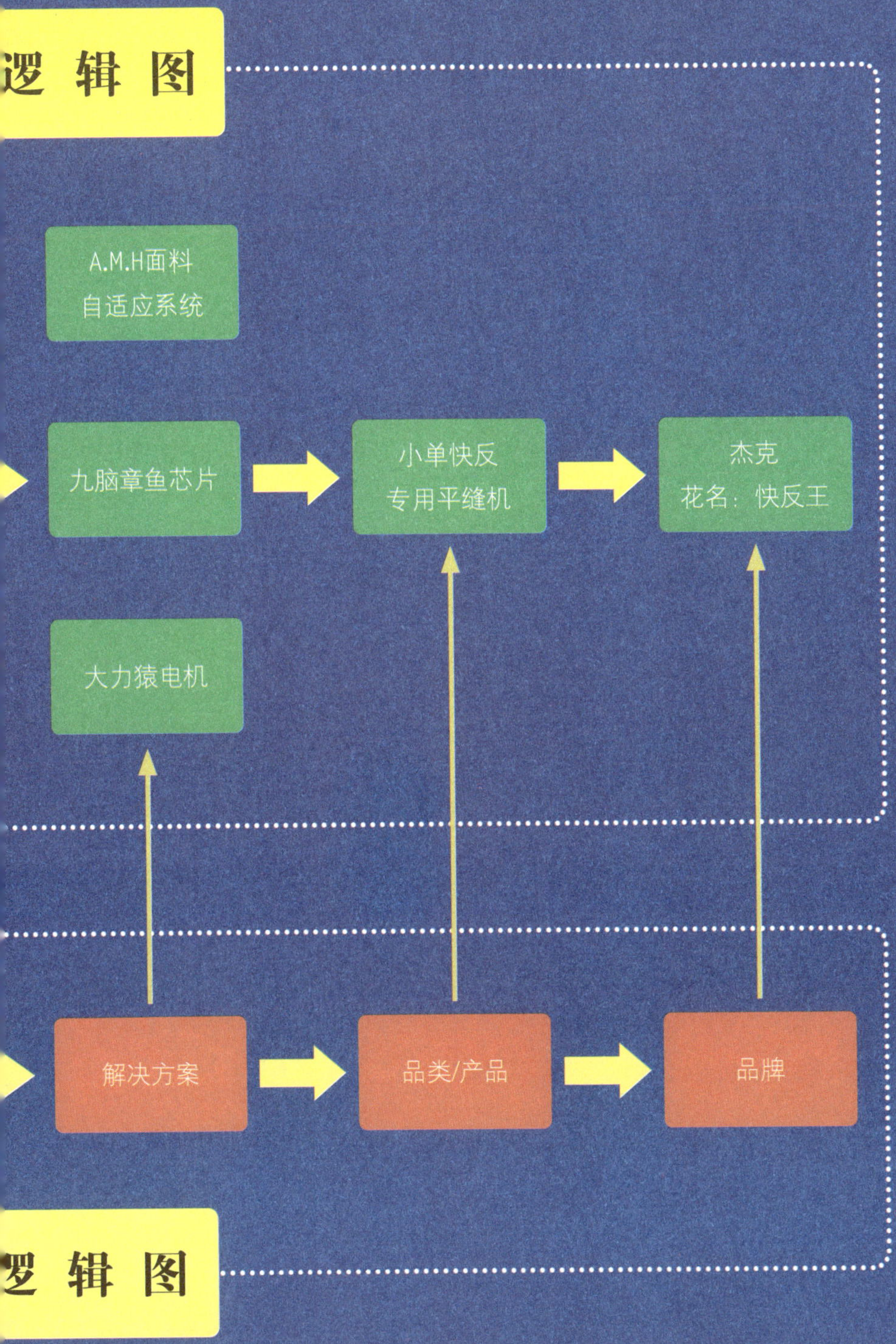

逻 辑 图

A.M.H面料
自适应系统

九脑章鱼芯片 → 小单快反
专用平缝机 → 杰克
花名：快反王

大力猿电机

解决方案 → 品类/产品 → 品牌

逻 辑 图

11

森歌智能水洗集成灶：从“高端”到“智能”

1厘米宽价值钉：全自动水洗集成灶　192

1公里深价值定义：全自动活水清洗系统　196

1秒可感知：一秒爱上智能水洗　201

图11–1 森歌企业大厦外景

森歌创建于2004年，是一家以厨房电器为核心业务的高端厨电企业，其产品线覆盖集成灶、集成洗碗机、集成水槽、嵌入式洗碗机、嵌入式蒸烤箱、燃气热水器、高端不锈钢橱柜、净水器等多款厨房产品。森歌是中国集成灶市场份额位列前几名的企业，并且在集成灶的多个领域引领了行业的成长和发展。

2022年，受地产经济不景气的影响，集成灶行业首次出现4.5%的销量下滑，进入缓慢增长期，行业价格内卷加剧。受此影响，集成灶行业大部分公司的业绩和利润都出现了下滑。如何维持高速增长？这个问题让森歌的管理层非常头疼。而我们冷启动一向认为：“超级爆品才是业绩增长的核武器。”靠打造有竞争力的超级爆品才是维持高速增长的关键。双方就此达成共识后，2023年3月，森歌与冷启动开始牵手合作。

在此之前，森歌研发了一款蒸烤箱内胆带自动水洗功能的集成灶，且做出了样品。但这款产品到底有没有市场，前景究竟如何，企业比较迷茫，希望我们能参与这款产品的改进，让产品一上市就能卖爆。

1厘米宽价值钉：全自动水洗集成灶

在市场调研中，我们发现集成灶采用更靠近灶台的下排烟结构，其吸油烟效果远高于传统吊挂式烟机，最高油烟洗净率可达99.9%，可以说集成灶行业已经基本解决了厨房使用的第一大痛点——油烟问题。

紧接着，我们又调研了集成灶的第二大模块——灶具。通过调研，我们发现现在的普通灶也几乎能满足用户的烹饪需求，新上市的灶具，普遍火力更是可达5.0千瓦，爆炒功能成为标配。作为集成灶的两大模块，烟机和灶具都已没有大的痛点，也就没什么出爆品的机会。

为此，我们换了一个思路进行调研。集成灶的特点就是将消毒柜、一体蒸烤箱、分体蒸烤箱等多种附加功能融为一体。众多集成灶当中，带有蒸烤功能的集成灶，销量占比超过行业的70%，其中蒸烤一体款更受消费者欢迎，占销量的一大半，主要因为内部空间更大，可一次性蒸烤更多食材。但是，在实际走访消费者的过程中，我们却发现这款卖得很好的蒸烤一体集成灶，实际使用频率并不高，烧烤功能的使用频率更低。

为什么会有这样的反差？通过深度洞察，我们了解了原因。用户不愿使用这些功能的核心点在于，每次用完后，打理内胆太麻烦，而且很难打理干净。时间长了，内胆还有异味，容易长霉、滋生细菌。用着用着就形成了一个恶性循环——蒸烤箱越用越脏，越脏越不敢用。总之，大多数消费者对于蒸烤一体集成灶的态度就是，产品不错，却不能放心使用。

在对整个厨电大品类进行深度研究后，我们发现，集成灶是厨电发展的第二个重要阶段，着重于更多功能的集成和使用便捷性的提升。整个厨电行业的终极发展方向是全智能的无人厨房，核心价值在于解放人的时间和精力。

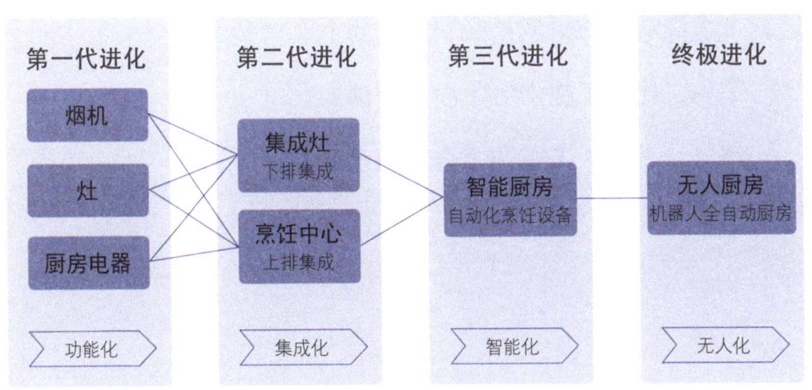

图11-2 烟机灶品类进化图

基于上述品类发展的趋势以及对当代用户痛点的洞察，我们认为解决蒸烤箱的清洁问题，让消费者可以放心使用集成灶的蒸烤功能，不仅可以打造出超级爆品，更可以让森歌品牌提前迈入“智能厨房”的新阶段。森歌团队也认可我们的观点，并邀请我们一起进行“带内胆水洗功能集成灶产品”的深度研究。此时，我们都有一个共同的想法——这款产品一上市，用户就能对它产生无法抗拒的喜欢。

根据1000多份用户调研的数据，结合市场走访的结果，我们发现厨房清洁是一个大痛点，厨房设施给消费者带来便利的同时，也让厨房收拾变得更复杂。2023年以来，“90后”开始成为主力购机消费人群，收拾厨房对他们而言尤为头疼。因此，这款带水洗功能的集成灶必须具备如下三大功能：

第一，比人工擦洗更干净、更彻底；

第二，无须人工干预，全自动水洗；

第三，操作简单，最好一键搞定。

森歌研发团队对上述结果进行深入探讨后，认为上述三大功能可以实现。于是，我们明确产品的价值钉为“内胆干净”。

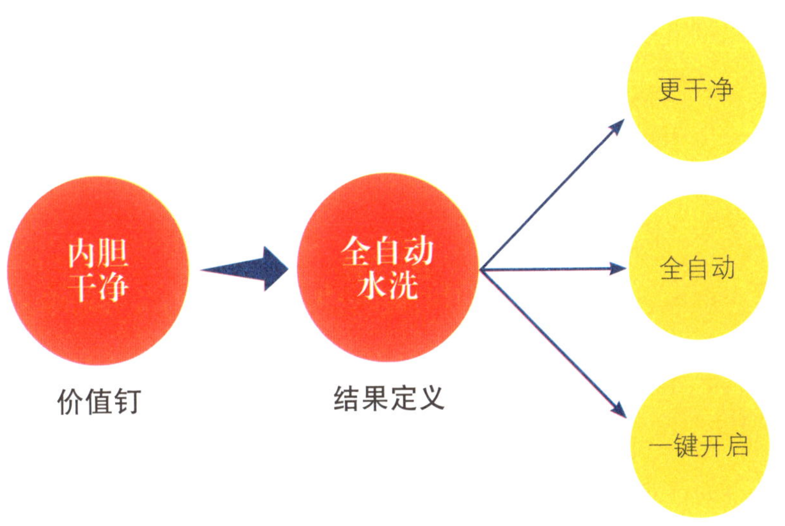

图11-3 “全自动水洗”的内在逻辑

1公里深价值定义：全自动活水清洗系统

如何才能比手工擦洗更干净、更彻底？为了达到这一目标，森歌技术团队做了许多尝试。比如，让清洗的水温恒定在65℃。为什么选定这个温度值？因为森歌团队在实验中发现，这个温度可以彻底软化残余在餐具上的油脂，而且使用集成灶的能耗值也不高，再搭配高压循环冲洗，就可以在少用电、少用水的基础上，完成对蒸烤箱内胆的深度清洗。

又如，以120℃的温度自动烘干。手工擦洗的抹布上其实带有不少细菌，洗干净的内胆用抹布一擦，又重新将外界的细菌带到了内胆中。在反复实验的过程中，森歌团队发现，当温度达到120℃时，内胆不仅能快速烘干，而且杀菌率高达99.99%，以最小的能耗，实现最高效的杀菌清洁。可以说，自动烘干功能真正实现了“比手工擦洗更干净、更彻底”的目标。

经过反复实验测试，森歌这款智能水洗集成灶将通过三大步骤实现对蒸烤箱的彻底清洁，解决脏、臭、细菌问题。

第一步
65℃高压无缝洗涤

65℃热水在蒸烤箱内反复进行高压循环冲洗，软化、冲刷油脂污垢。

循环结束清水强力冲刷，彻底带走残留油污，避免二次污染。

第二步
全自动智能给排水
活水清洗

外接进水管与下水管，采用自来水反复自动漂洗，再经排水管自动排出油污，内胆从此告别油脂异味问题。同时避免清洗内胆时弯腰下蹲，满手脏污的狼狈不堪。

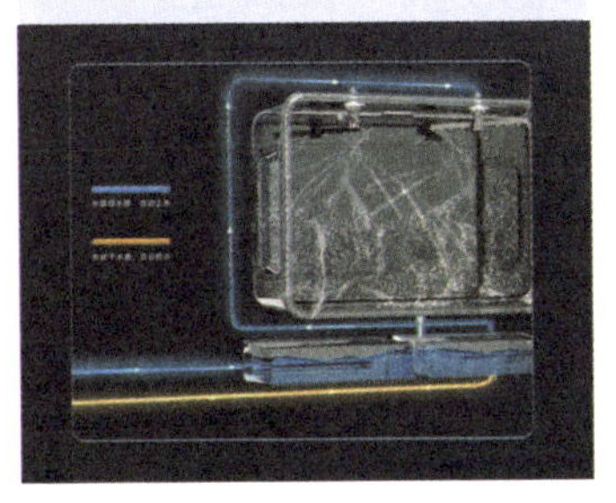

第三步
120℃高温灭菌烘干

清洗结束后内胆自动升温至120℃，快速烘干多余水渍。

强效杀灭残留细菌，彻底去除湿气异味，内胆焕然一新。

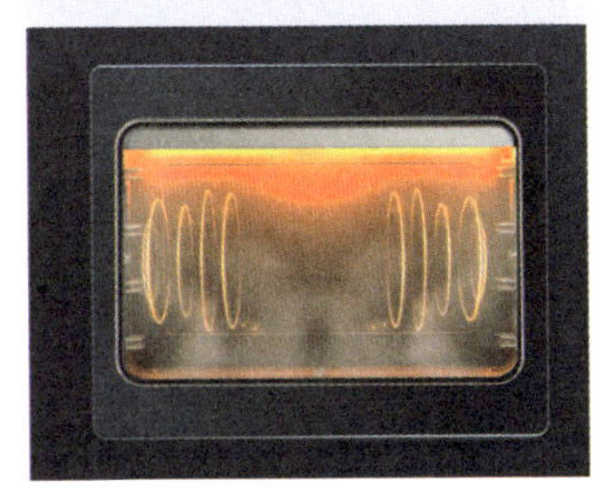

图11-4 新产品解决脏、臭、细菌问题的三个步骤

在研发过程中，森歌团队还换位到用户角度，结合实际使用需求，设计了“快速洗”和“强力洗”两种一键开启模式：如果只使用“蒸”的功能，用“快速洗”可以更快完成清洗；如果使用“烧烤”功能，用“强力洗”可以清洗得更彻底。

与此同时，森歌团队还从烤、蒸、火力三个方面，对烹饪功能进行了全面升级。

实验中，团队用一块羊排做了测试。用传统的烤箱，整块羊排烤下来需要30 ~ 40分钟，并且中间需要翻一次面。但是，通过新的双风环流技术，这块羊排在不用翻面的情况下，8分钟就烤好了。这极大提升了烧烤的效率与用户的体验。

蒸这种烹饪方式，过去最大的问题就是慢，而且蒸汽效率如果不够高，食物的口感还会打折扣。在森歌团队研制的新集成灶中，净水从水盒被抽入蒸汽发生器后，迅速加热至沸腾状态，变成大量蒸汽，这些蒸汽通过“15毫米双孔直喷”的创新设计，能快速对食物进行加热。这种设计大幅提升了蒸汽效率，通过快速达温实现锁鲜，保证了食材的口感。

烟灶功能是集成灶最基础的功能，这次的设计中也进行了升级。餐厅中现炒的菜味道更好，除了调料配比，火力也是很重要的一环。大火力能够让食材在更短的时间里做熟，保持鲜嫩口感。为集成灶配备更高的火力，让家常菜的口味有更大的提升，这是研发的一个初衷。不过，更大的火力往往会带来更大的油烟，烟机吸力跟不上，厨房里就会乌烟瘴气。经过实验，森歌团队将烟灶功能的参数调整为5.2千瓦+21立方米/分，确保在大火力爆炒的状态下，厨房也能做到无油烟。

追加功能、提高参数的同时，森歌团队还在安防体系方面下足了功夫，通过构建“熄火保护”“过热保护”“缺水报警”等12大防护体系，确保设备在正常的状态下运作，保障用户的安全。

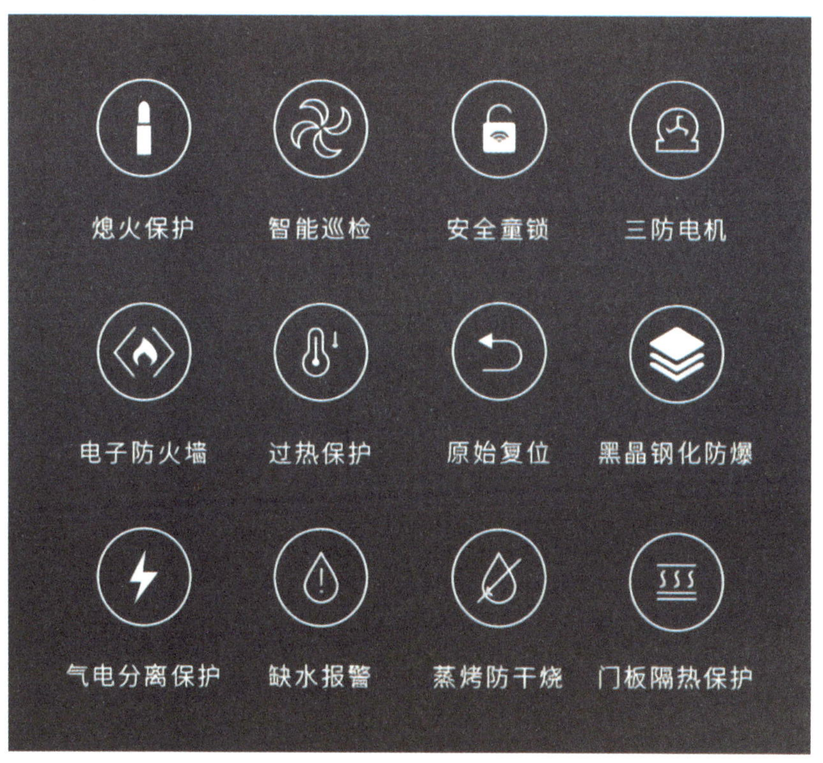

图11-5 严守厨房安全防线的12大防护体系

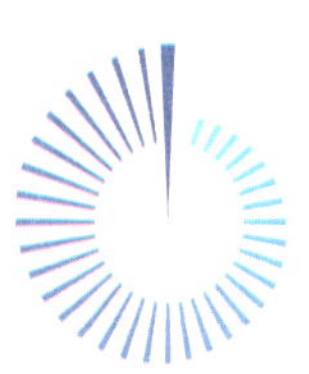

经过上述一系列的重构步骤，森歌对这款产品非常有信心，我们也非常看好，认为这将是集成灶领域中一个颠覆级的产品。

为了防止被抄袭，我们还与森歌团队沟通，第一时间做了知识产权保护。先后为这款产品申请了1项发明专利、5项实用新型专利、3项外观专利。

发明专利

智清洁蒸烤箱内胆及集成灶
ZL 202310281682.7

实用新型专利

防渗漏集成灶台面及集成灶
ZL 202320350734.7

带清洗的蒸烤箱内胆及集成灶
ZL 202320542311.5

电磁阀结构及其防堵洗碗机
ZL 202320779896.2

便于清洗的蒸烤箱内胆及集成灶
ZL 202320582083.4

带清洗结构的蒸烤箱及集成灶
ZL 202320596994.2

外观专利

集成灶（JC-87ZK）
ZL 202330064670.X

拉手
ZL 202330064677.1

蓄水盒
ZL 202330341359.5

图11-6 新产品的专利申请概况

1秒可感知：1秒爱上智能水洗

一款底子优秀的产品，如果因为糟糕的设计而错失了市场，未免太可惜了。为了让用户1秒感知产品的价值，我们根据产品本身的特性做了一系列可感知设计，让用户1秒爱上产品。

首先是品牌包装可感知。我们将这款产品命名为“智能水洗集成灶”，让用户快速感知产品的特性，并且将广告语定为“水洗才干净，蒸烤更放心”。强调干净、放心，其实是抓住了用户当前使用这类产品最大的痛点，用产品的最大优势做文章。集成灶的大部分使用者都是各家母亲，将“蒸烤更放心”纳入广告语，也可以给目标用户与核心使用者更充足的购买理由——买智能水洗集成灶，不仅是为了让做饭的人省事，还能给孩子和家人烹制更安全、卫生的食物。一旦用户有了“没细菌，更放心”的认知，品牌的形象就能快速建立起来。为了方便用户记忆，我们还给这款产品取了一个花名叫“鲸小厨”，型号确定为Z60。

为了让用户更好地感知“鲸小厨”的性能，我们设计了一个“18种极端调料混合实验”，并将它拍成了视频，为大家展示“鲸小厨”在极端场景下的优秀性能。

日常烹饪过程中，有许多调料不好清洗，我们从超市中一共买了18种，并把这些调料混合在一起，刷在蒸烤箱的内胆壁上，先开启烘烤模式，让污渍牢牢地粘住，烤煳后再开启自动清洗模式。清洗结束后，内胆非常的干净。许多用户正是看了这个视频，马上就心动了。

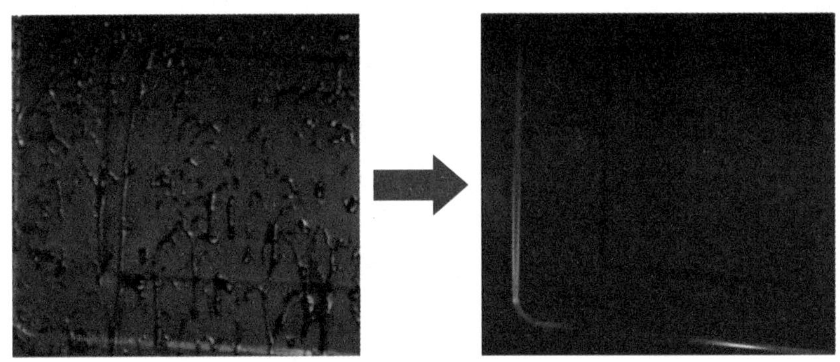

图11-7 布满油污的内胆，自动冲洗后变得干净如新

好打理只是一个方面，人们用灶，更重要的是烹制美味。做饭烧菜不行，再好打理也白搭。为了让用户感知“鲸小厨”强大的蒸烤功能，我们还做了一个“三层匀烤饼干实验”的视频。

为了展现不同产品之间的差异，我们找来了传统的集成灶和专业的蒸烤箱，让三款产品同时烘烤三层饼干，结果“鲸小厨”烤出的饼干，上中下三层，颜色高度一致；传统集成灶烤出来的饼干，最上面一层熟了，下面两层还是生的；专业蒸烤箱烤出来的饼干，中间一层刚刚好，但上下两层都烤糊了。这个视频一经播放，也迅速俘获了用户的心。

产品研发过程中的烤羊排测试，我们也将它做成视频播放出来。其他蒸烤箱三四十分钟加一次手动翻面才烤好的羊排，“鲸小厨”8分钟一次就搞定了。

正是这一系列对比明显的实验，用户马上就感知到了“鲸小厨”的强大性能。用户认为好，才是真的好，商家在用户面前再怎么自夸也达不到这样的效果。

完成上述一系列可感知设计后，我们决定召开全球首秀发布会。2023年10月17日，一场名为“智能水洗，冠军科技”的全新一代智能水洗集成灶，森歌Z60全球上市发布会隆重召开，现场还邀请了森歌品牌代言人，奥运冠军罗雪娟女士到发布会现场参与森歌产品的测试。发布会当日，定价18899元的“鲸小厨”Z60产品，首日预售量就达到16355台。

上市即热销，“鲸小厨”Z60的火爆达成了项目合作前的目标，开创了一个全新的水洗集成灶的新品类，让森歌品牌提前迈入智能时代。

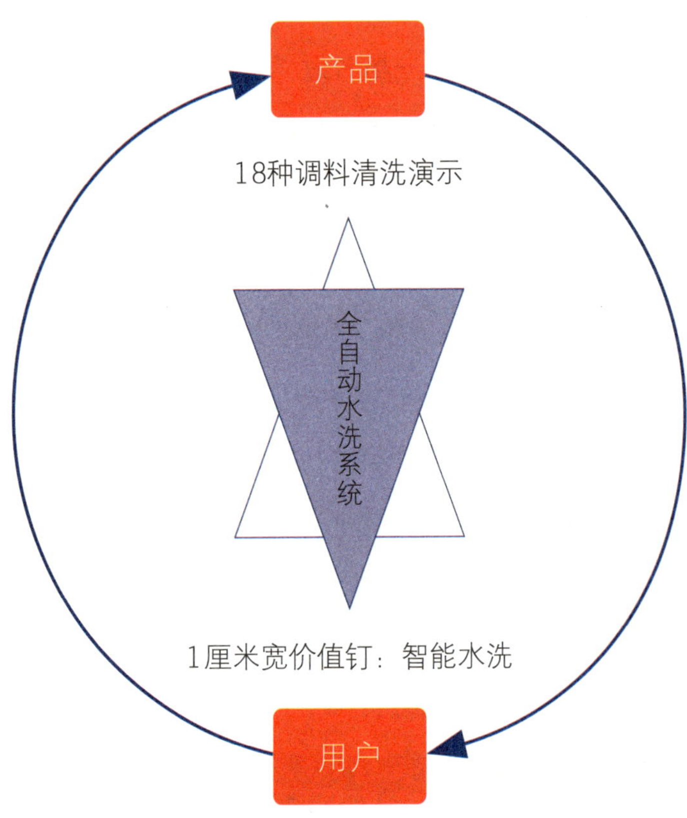

图11-8 “鲸小厨”三维模型图

总结：当增速越来越缓慢、行业越来越内卷的时候，及时打造超级爆品，才能在行业中持续、稳定地发展下去，超级爆品就是维持增长的核武器。森歌这款集成灶一上市就能引爆，就是做好了三件事：第一，1公里深价值钉清晰——内胆干净；第二，1公里深价值定义挖得够深——在“自动清洗”和“洗得彻底”这两件事上反复打磨最优解方案；第三，通过一系列可感知的对比实验，让用户秒懂产品的卓越性能，真正做到1秒可感知。

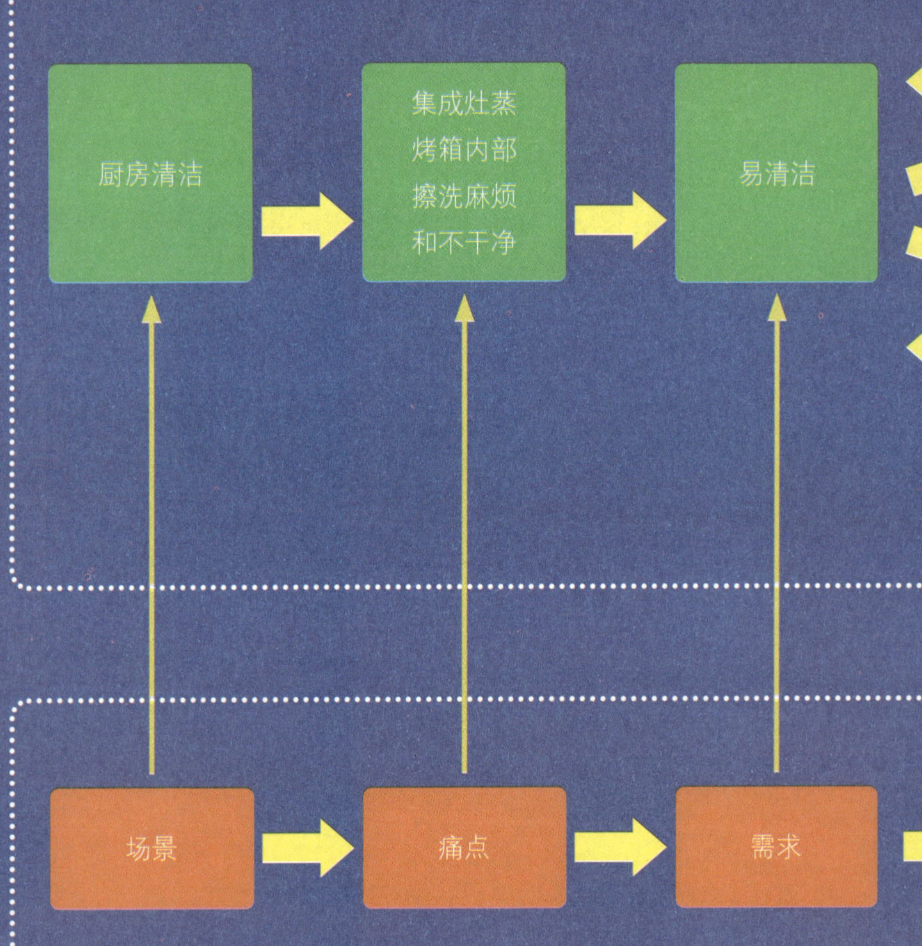

森歌用户
厨房清洁
集成灶蒸
烤箱内部
擦洗麻烦
和不干净
易清洁
场景
痛点
需求
商

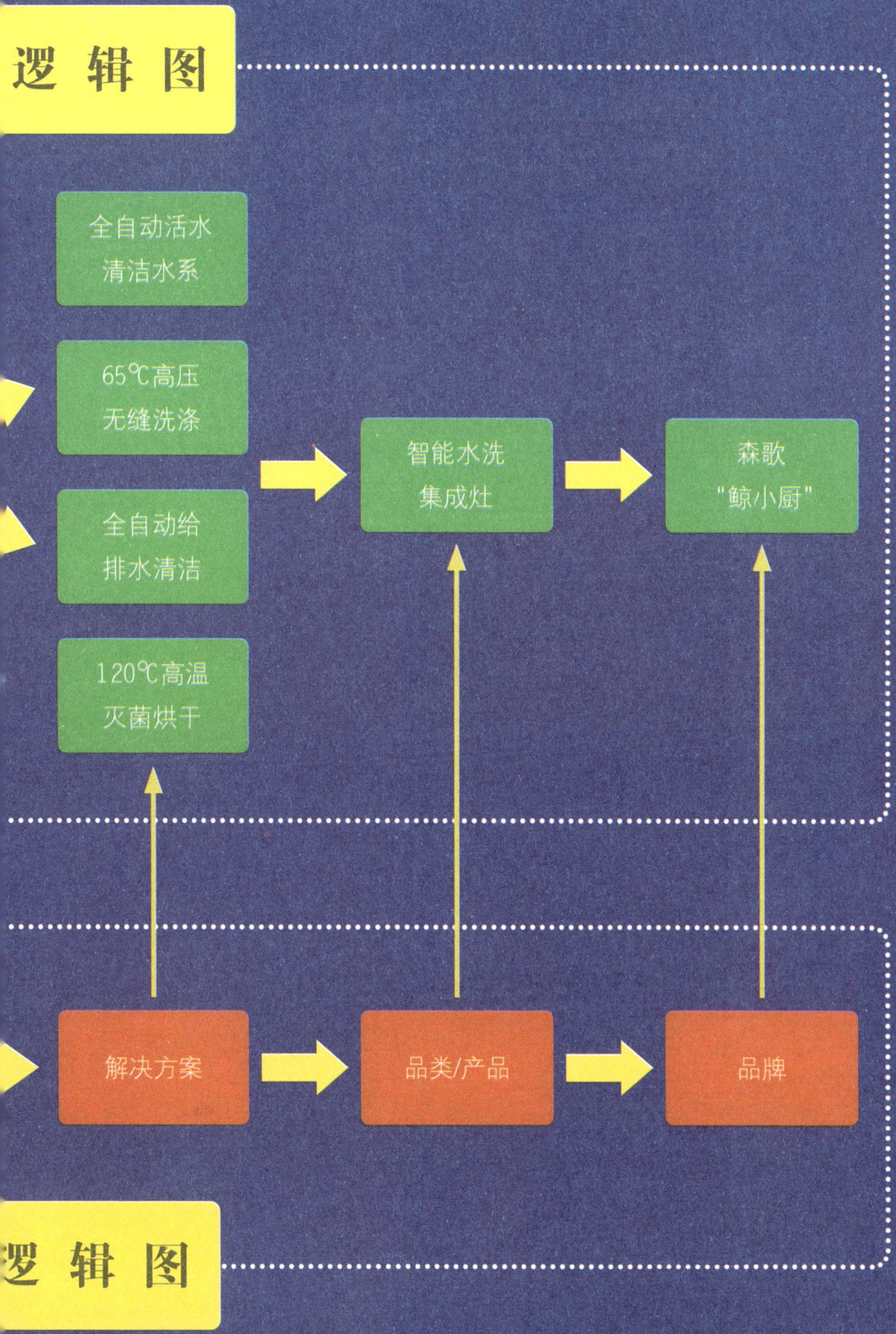

逻辑图

全自动活水
清洁水系

65℃高压
无缝洗涤

全自动给
排水清洁

120℃高温
灭菌烘干

智能水洗
集成灶

森歌
"鲸小厨"

解决方案

品类/产品

品牌

逻辑图

12

湘满楼：餐饮老店突围

1厘米宽价值钉：正宗的湘菜　211

1公里深价值定义：四大传承做“老味”　214

1秒可感知：围绕“五觉”下功夫　216

转型受阻的餐饮老店，如何通过超级爆品，从一家亏损店变成广东餐饮50强？

说到转型，各行各业都是失败的多，成功的少，从To B转向To C，成功率更低，像手机行业唯有华为从To B转型成功，其余大都失败。线下转线上、批发转零售、从加工业务转做自己的品牌……无数企业在转型过程中交了巨额学费，成功的却寥寥无几。

转型为什么难？因为惯性。

过去越成功，惯性越强。过去成功的惯性，就是现在转型的最大障碍，而打破过去成功的惯性，要从思维、方法、时间等全方位突破。可想而知，转型要成功，非常之难。

湘满楼原是广东省高速公路服务区内的一家餐饮企业，曾在多个服务区内一共开了10余家餐厅，生意一直很不错。后来，知名快餐连锁品牌相继入驻，加上高速路网逐渐密集，原来流量很大的服务区慢慢被分流，高速公路服务区快餐越来越难赚钱，湘满楼被迫陆续关闭了很多门店。

2017年，湘满楼决定转型开社会连锁餐厅，投资近600万元在佛山和韶关各开了一家门店，每个店40余名员工。然而，单店日营收仅1万元左右，亏损非常严重，尝试过多种营销手段也没能扭转亏损的局面。在朋友的推荐下，湘满楼老板李国成找到了我们。

经过及时调整策略，湘满楼实现了成功转型，不仅救活了亏损的门店，单店业绩也从原来的30万元/月提升到120万元/月，实现扭亏为盈。特别是三年疫情期间，湘满楼不仅没有倒闭，反而连续开了15家门店，单店月均营收超过100万元，公司年营收近2亿元。2022年，湘满楼还跻身广东餐饮连锁50强，排名第30位。

湘满楼是如何在转型过程中打破过去30年的惯性，成功转型社会连锁餐厅的呢？答案就是把门店变成超级爆品门店。

1厘米宽价值钉：正宗的湘菜

接下这个案子后，我们团队进驻湘满楼做了全方位调研，然后进行爆品诊断和策划。

湘满楼为何会出现这些问题？经过了解，李总最初的想法是，希望用工业时尚风的高档次装修，搭配平民化的价格，高维打低维，吸引更多用户进店就餐，结果事与愿违。

变成社会连锁餐厅的湘满楼和高速公路服务区的湘满楼，两者的竞争逻辑完全不一样了。高速公路服务区，用户可选择的余地很小，客流比较稳定，用高维打低维是有机会的，湘满楼曾经就是这样成功的。可是，社会店不一样，用户用餐的范围可以扩大到几公里，甚至十几公里，选择余地极大。我们调研时也发现，店内用户大多是餐厅附近的客人，稍远的人不愿意花时间进店消费。湘满楼如果不能提供有吸引力的解决方案，很难吸引到足够多的用户。

为了满足广州地区消费者的需求，湘满楼曾对湘菜做了广东口味的改良，同时结合时尚工业风的装修风格，支撑“时尚湘菜”的定位。但是，这些操作并没有成功吸引用户。于是，我们站在超级爆品的角度，思考湘满楼当下的问题，并对未来的发展做出展望。

洞察湘满楼的价值钉之前，我们先研究了广东省内湘菜馆的品类本质。

在广州吃湘菜的核心人群是哪些？经过调研发现，他们主要来自湖南、湖北、四川等重口味地区，广州人以偶尔消费湘菜的情况居多；消费湘菜的主要场景是家庭、朋友聚会以及轻商务就餐。核心用户在核心消费场景下的第一需求是什么？洞察清楚这一需求，才能为探寻价值钉指明方向。

作为核心用户的重口味食客，他们吃湘菜的第一需求不是环境，而是口味，也就是好不好吃。从消费场景看，家庭及朋友聚会，这一场景的第一需求也是口味；而轻商务消费，亦商亦友的交情，其实不太在乎环境，更在乎吃得开心与否。综上分析，广东地区的湘菜馆，第一需求应该是味道好吃而不是环境。把好吃做到极致，才是关键。环境不差即可，没必要花太多钱投资在装修上，这样反而堆高了门店投资，拉长了回报周期。品类本质洞察错误，企业资源投入也就浪费了，结果不会理想。为此，我们及时建议湘满楼，把原来中高端商务宴请的定位调整为特色湘菜餐厅，将重心放在菜品的口味上。

对湘满楼就餐的用户进行调研时，我们还发现一件事。湘满楼的核心用户中，65%为喜好重口味的外地人，这个群体对改良过的清淡湘菜无感，严重影响复购率。剩下的35%主要是广东本地人，他们吃湘菜就是偶尔解馋，消费频率更低。既然是偶尔吃，人们也愿意选择更好吃的湘菜。什么是好吃的湘菜呢？显然，对于广东的湘菜馆而言，正宗湘菜才是好吃的湘菜。

所以，从用户需求维度来看，“正宗湘菜”能够满足好吃的需求，大部分用户愿意为正宗湘菜买单和重复消费。

不过，站在竞争维度，“正宗湘菜”有足够的竞争力吗？盘点竞争对手时，我们发现湘满楼一开始对标的就是“彭厨”。彭厨最大的优势是创始人IP（影响力资产）化比较早：创始人姓彭，门店叫彭厨，门店形象也以创始人的IP为主要符号，主讲创始人IP的故事，并由此吸引了一批年轻消费群体。在韶关的全城美食榜中，彭厨排名第一，全国有好几百家门店。面对如此强敌，湘满楼的机会在哪里呢？

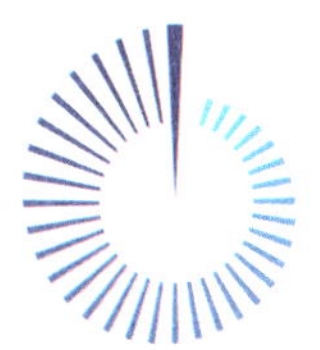

继续调研我们发现，彭厨最大的优势是新潮，而新潮的背后就意味不够正宗，是改良过的湘菜。从竞争维度上看，湘满楼用“正宗湘菜”去攻击彭厨的“新潮”，逻辑上成立，同时彭厨无法换手，因为彭厨一旦也强调正宗，那么新潮的优势就丧失了。

综合用户的需求和竞争维度，湘满楼的机会点是“正宗湘菜”。把正宗做到极致，用户就有了“非吃不可”的理由，开车数十公里吃一顿饭，理由也足够充分。

至此，我们把湘满楼的价值钉确定为“正宗”。

1公里深价值定义：四大传承做“老味”

不过，正宗湘菜不能只是一句口号，更不能只是一个概念。何况“正宗”二字仍然很抽象。

什么才是“正宗湘菜”呢？

又该如何清晰定义“正宗湘菜”呢？

基于对湘菜历史的研究，我们决定用“老味”来表达“正宗”这一价值钉。对于用户而言，“老味湘菜”就等同于“正宗湘菜”。

围绕“老味湘菜”如何才能挖到1公里深呢？深入分析后我们发现，老味湘菜意味着不是创新，而是传承。

通过继续深挖，我们最后找到了做到老味湘菜的四大核心传承：

（1）厨师传承

广东的竞争对手基本上都是就地招募厨师，而湘满楼全部用湖南当地的厨师。这些厨师都是吃湘菜长大的，做湘菜的手法也是代代传承而来的。

（2）配方传承

不少湘菜馆同行的菜品都做了很多改良，有的甚至分不出是湘菜还是川菜，而湘满楼每道菜都由湘菜大师或者民间高手亲传，从源头上保证不走样，还原老味配方。

（3）工艺传承

传统餐厅连锁多采用中央厨房模式，优势在于菜品复制不走样，而湘满楼坚持现做现炒，明火亮灶，坚持手工调料，拒绝工业味道。

（4）原料传承

为了保持味道正宗，做出真正的老味湘菜，湘满楼专门成立了配送部，从湖南本地运送核心食材，最大限度保证“正宗老味”。

为了兑现这四大传承，湘满楼在菜品开发和供应链打造上下了很深的功夫，为的就是尽可能还原老味湘菜的本来面目。

1秒可感知：围绕“五觉”下功夫

前期工作做了这么多，如何才能让用户1秒感知到正宗老味湘菜呢？

通过差别阈限法，我们洞察到“老味”的感知原点。在用户的潜意识中，“地道的乡村味”就是老味。

乡村味的感知怎么设计？经过认真研究，我们认为主要包括两个方面：

一、包装可感知

品类名直接叫“老味湘菜”，通过这个名字，瞬间就能让用户感知到正宗。而“湘满楼”这几个字，本身就有老湘菜的感知属性，因此，湘满楼的品牌名完全可以继续用。

二、五觉可感知

（1）视觉感知

店面的装修采用乡村风格，与同行的时尚工业风形成巨大的感知差异，拉大感知阈限，让用户一眼就能感知乡村老味道。

（2）听觉感知

门店内，循环播放偏乡村调性的背景音乐。

（3）味觉感知

坚持重口味，特别是剁椒鱼头、小炒肉等代表菜品，要让用户吃一次就记得住。

（4）嗅觉感知

设置透明厨房，靠近大堂的四周设计明厨亮灶，让用户一进大门就能闻到湘菜的香味。

（5）触觉感知

整个餐厅，从文化到环境，均以湖南乡村文化为主，用大量砖瓦装饰还原乡村风格。另外，用户进店点餐、上菜、用餐等，全流程都做了仪式感设计，每个环节都让用户体验到乡村老味。

后来，湘满楼按我们的策划方案，重新投资300万元开了一家全新的门店。没有投入任何广告费用，仅依靠老味湘菜的可感知设计，就吸引了很多顾客进店消费，再通过用户的口感体验与环境体验赢得了用户口碑。开业不到半个月，湘满楼每天就开始出现100多桌的排队现象，新店营收也从老店的日均万元突破到每天4万元以上，月收入也从30万元突破到100万元以上，彻底扭转了早期亏损的局面。

第一个店爆了以后，湘满楼在三年疫情期间，连开15家直营店，所到之处均是区域第一名。就这样，湘满楼顺利开启了连锁复制之路，年收入近2亿元。

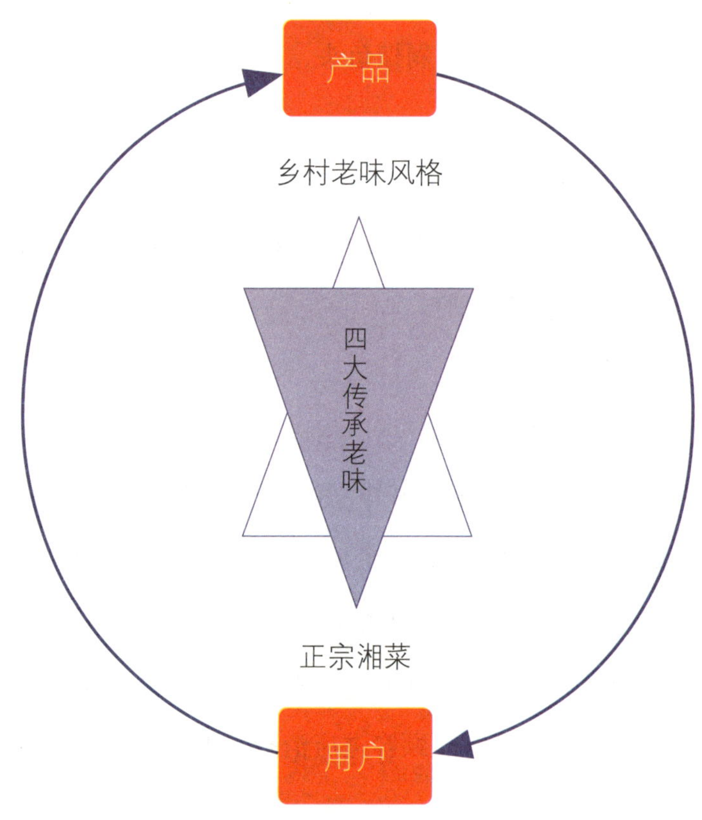

图12-1 “湘满楼”三维模型图

总结：从一个普通餐厅到超级爆品连锁餐厅，湘满楼的成功之处依然是找准了价值钉，然后深挖用户体验做创新，最后通过用户口碑，实现门店引爆。

湘 满 楼

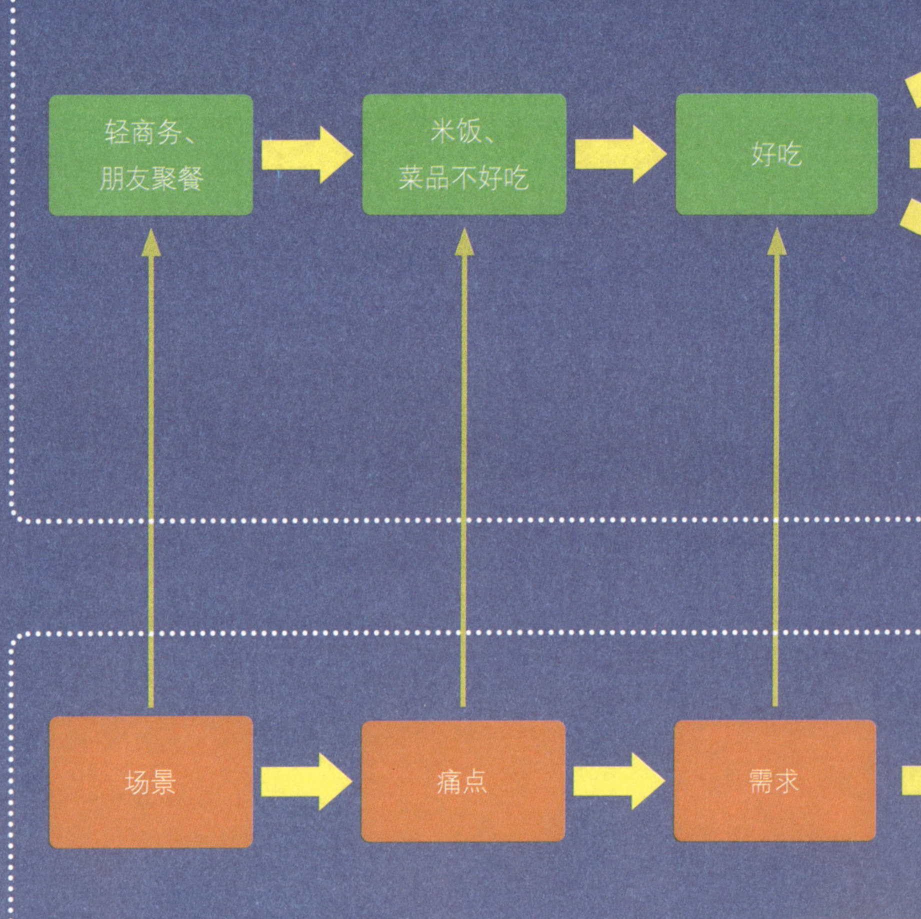

战

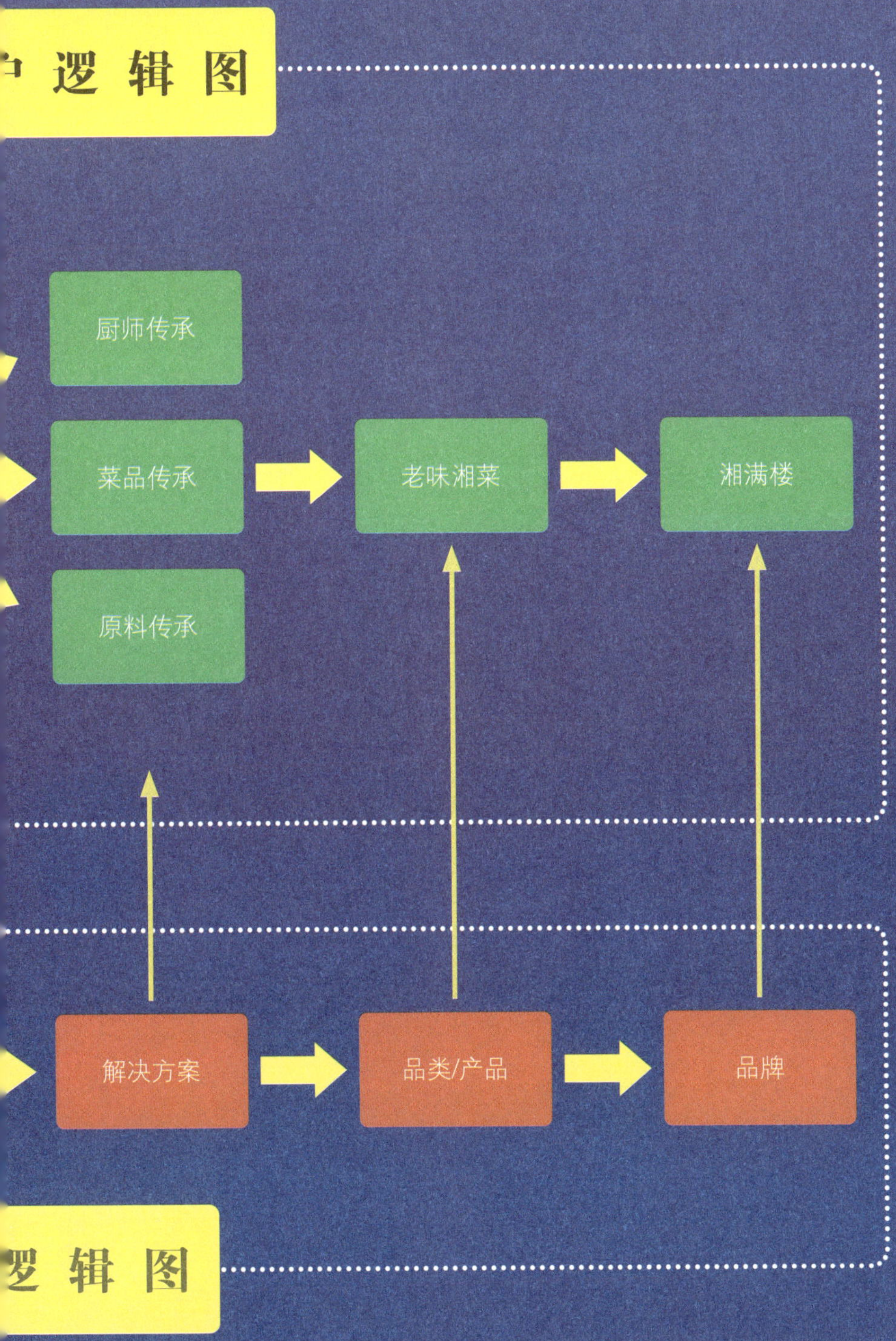

户逻辑图

厨师传承

菜品传承

原料传承

老味湘菜

湘满楼

解决方案

品类/产品

品牌

逻辑图

13

派摩：获得上亿元投资的“去中间化”贸易商

1厘米宽价值钉：更专业的经营服务　224

1公里深价值定义：一站式专家级经营服务　226

1秒可感知：新旧对比看巨变　228

互联网的兴起，让“去中间化”成为颠覆传统行业的口头禅，中间流通环节越多的行业，越容易被颠覆。在去中间化的浪潮下，大量行业的中间贸易商纷纷出局，从厂家直接到消费者，或者直接到终端，成为大势所趋。

“派摩宠物”是一家做宠物食品的传统贸易公司，作为从厂家进货，再批发给分销商或宠物门店的中间商，同样面临“去中间化”的忧虑。不过，派摩没有选择坐以待毙，而是主动求变，利用3年时间通过超级爆品彻底转型，把不值钱的贸易公司变成了值钱的平台公司。

派摩是如何通过超级爆品实现华丽转身的呢？

1厘米宽价值钉：更专业的经营服务

做超级爆品有一个重要的思维：所有的商业机会均源于需求，有需求就有商业机会。

传统贸易商，要么致力于渠道拓展和维护，要么致力于寻找优质厂家的产品，然后靠上下游的差价获利。但是，在互联网去中间化的大环境下，传统贸易商有被渠道和厂家同时抛弃的危险。低买高卖的传统贸易模式注定不能再走，因为不知道哪一天就被物流公司替代了。转型的突破口在哪里呢？

派摩曾经思考过这个问题。向上可以自创品牌做宠物食品，但对于派摩而言，挑战太大，没有技术储备，也没有这么大的资金投入。向下可以做宠物连锁店，但门店竞争更加激烈，团队也不匹配，更没有零售的基因。改行怕是更不知道何去何从。既然都不行，那出路在何方？

分析陷入困境后，我们回到原点，在洞察需求前，先搞清楚派摩的客户是谁。

派摩的第一大客户是宠物门店，我们就聚焦于宠物门店，寻找他们的痛点和需求点。为了搞清这个问题，派摩曾办过一次“吐槽大会”，认真听取宠物门店的各种意见。最后洞察到，门店的最大痛点不是送货不及时，而是赚不到什么钱。要赚到钱，就必须有更专业的经营行为。

但是，宠物门店行业，又没有人提供帮助改善经营的服务。如果能够帮助宠物门店通过改善经营获得更高的利润，派摩对门店的吸引力就会大幅提升。

于是，派摩最后决定从一个买卖为主的贸易商，转型为一个专业服务宠物门店的平台商，人员服务、配送服务等只是基本面，宠物货品也只是服务的构成要素之一，专业经营服务才是核心竞争力。如果通过更专业的服务让门店离不开派摩，那厂家自然也就离不开派摩了，派摩就能牢牢抓住门店和厂家，为双方赋能。这样一来，派摩的竞争力就能大大加强。

从竞争维度看，市场中其他贸易商，基本上都只能从贸易商的基本服务上下功夫，本身这些贸易公司也没有做专业经营服务的能力，而且整个宠物行业也没有针对贸易公司的专业经营服务商。

对于派摩公司而言，通过搭建平台，整合专业人员，反倒具备了门店专业经营的能力优势。

简而言之，门店的需求是专业的经营服务，竞争对手实现不了，派摩通过整合优势构来实现。至此，派摩将价值钉定为“专业经营服务”，也就是门店跟派摩的合作不同于其他贸易商，派摩不仅能提供优质的商品，更能提供专业经营指导服务，这是门店与派摩最大的合作理由。

1公里深价值定义：一站式专家级经营服务

“专业经营服务”的价值钉是敲定了，但这样的服务该怎么做呢?

这又要说回前面提到的吐槽大会。这次大会曾被内部管理层激烈反对，担心客户会拿着放大镜找公司的缺点，从而影响对公司的合作信心。但是，最后在赵总的坚持下，还是成功召开了。

这次吐槽大会成为派摩重要的转折点，它为派摩的发展做出了三大贡献：

一是赢得客户的人心。整场活动不但没有放大公司的缺点，也没有影响公司声誉，反而让用户看到了派摩的真诚，而且吐槽完的客户看到派摩在一点点改变，与派摩的合作信心更强了，甚至原本一些合作不那么紧密的客户，与派摩都走得更近了。

二是吹响了用户思维改革的号角。这场吐槽大会，也让整个派摩团队看到了公司以用户为中心进行变革的重大决心。自此之后，以用户为中心不仅仅是一句口号，而是真正落实到了行动上。每个人跟客户接触时，不再下意识地抗拒客户的意见，而是主动听取客户的想法。公司还专门开通了客户服务热线，接收客户的宝贵意见和建议。这些转变，每天都在推动公司创新和进步。

三是洞察清楚了门店经营的痛点本质。吐槽大会后，公司收到了很多客户对派摩的建议，最重要的是，洞察出门店经营不赚钱的本质在哪里。

根据用户意见，派摩将专业经营服务定义为“一站式专家级经营服务”。为了做到最优解，派摩从多个角度对服务体系做了创新：

（1）搭建“宠行生”平台：平台内引进行业的营养专家、门店的实体经营管理专家，通过线上和线下培训，为门店输出门店经营生意经、宠物洗护培训等专业知识。

（2）优选产品：以门店专业经营为中心，重新构建优选商品库，而不是只卖对平台有利的产品。

（3）48小时送货：承诺无论什么情况下，48小时内必定把货送到，否则就赔付。这提高了平台内部以用户为中心的服务效率和意识。

（4）“1030”服务：客户有搞不定的问题，可以直接打平台的客服电话。平台承诺接到电话10分钟内响应，30分钟内将问题处理，然后内部再复盘和优化。

（5）地推服务：平台为门店提供促销、推广等营销指导服务。

（6）陈列管理：平台负责帮助门店做陈列管理培训，并且上门落实改进工作。

（7）板栗狗服务：平台为门店提供一些新的互联网营销方法和工具，帮助门店转型数字化经营。

可以说，派摩围绕门店经营，构建了360度全方位的赋能服务。至此，派摩顺利从贸易商转型成为服务商。

1秒可感知：新旧对比看巨变

专家级的经营服务已经就绪，如何才能让用户1秒感知到？其实对于门店，最大的感知就是前后对比的改变，如形象、业绩、流量等。

派摩专门成立了新媒体团队，聚焦跟踪门店形象的变化，并将这些视觉上的变化、经营指导前后的业绩对比等大量案例做成视频，通过新媒体矩阵发布出来。很多门店看到这些视频后，纷纷选择与派摩合作，甚至连派摩的收费上门服务都要提前数周才能预约上。而这些服务，也确确实实让许多门店一改散乱盲目的经营状态，走上了专业的经营之路。

通过上述改变，派摩彻底把专业的经营服务做成了超级爆品，派摩的业绩也实现了40%以上的年复合增长，3年时间在全国12个城市开设了分公司。2020年7月，派摩获得新希望旗下投资公司的亿元战略投资，从不值钱的贸易公司摇身一变，成了值钱的服务平台公司。

派摩之所以能成功，就是因为按照超级爆品的逻辑，抓住了用户的需求本质，通过改变自己的服务来满足用户的本质需求，最后不仅赢得了用户，赢得了资本，也改变了自己。

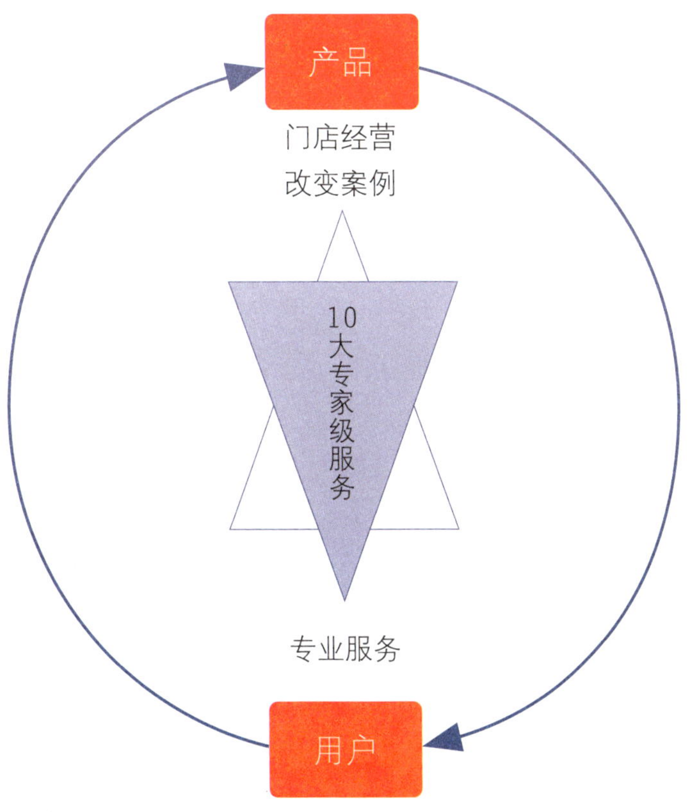

图13-1 “派摩”三维模型图

派 摩 用

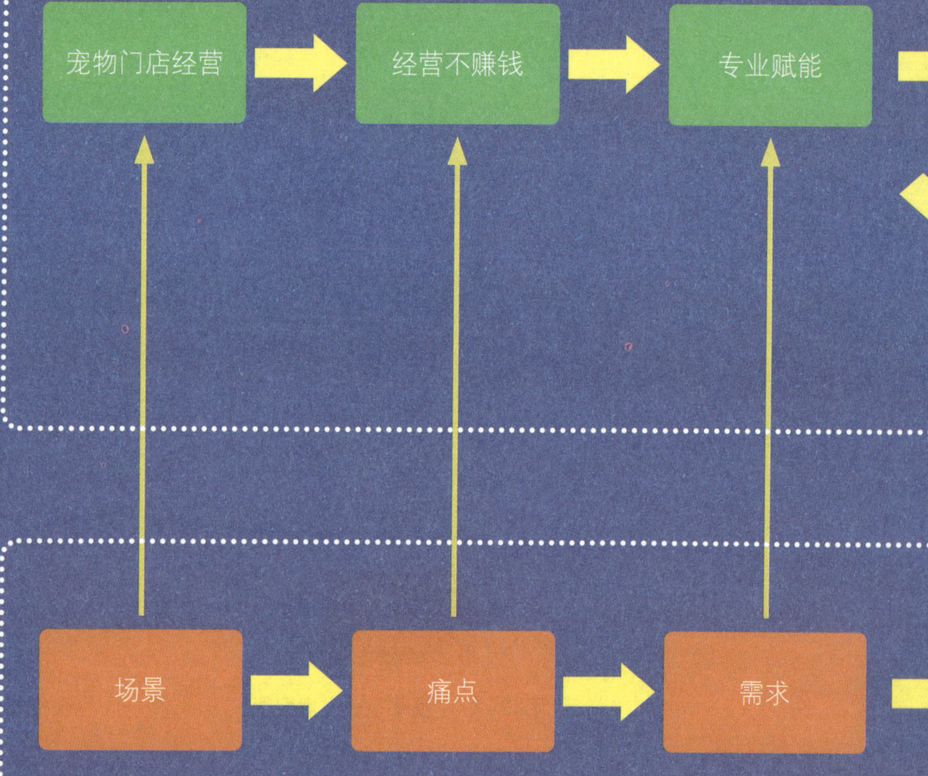

战

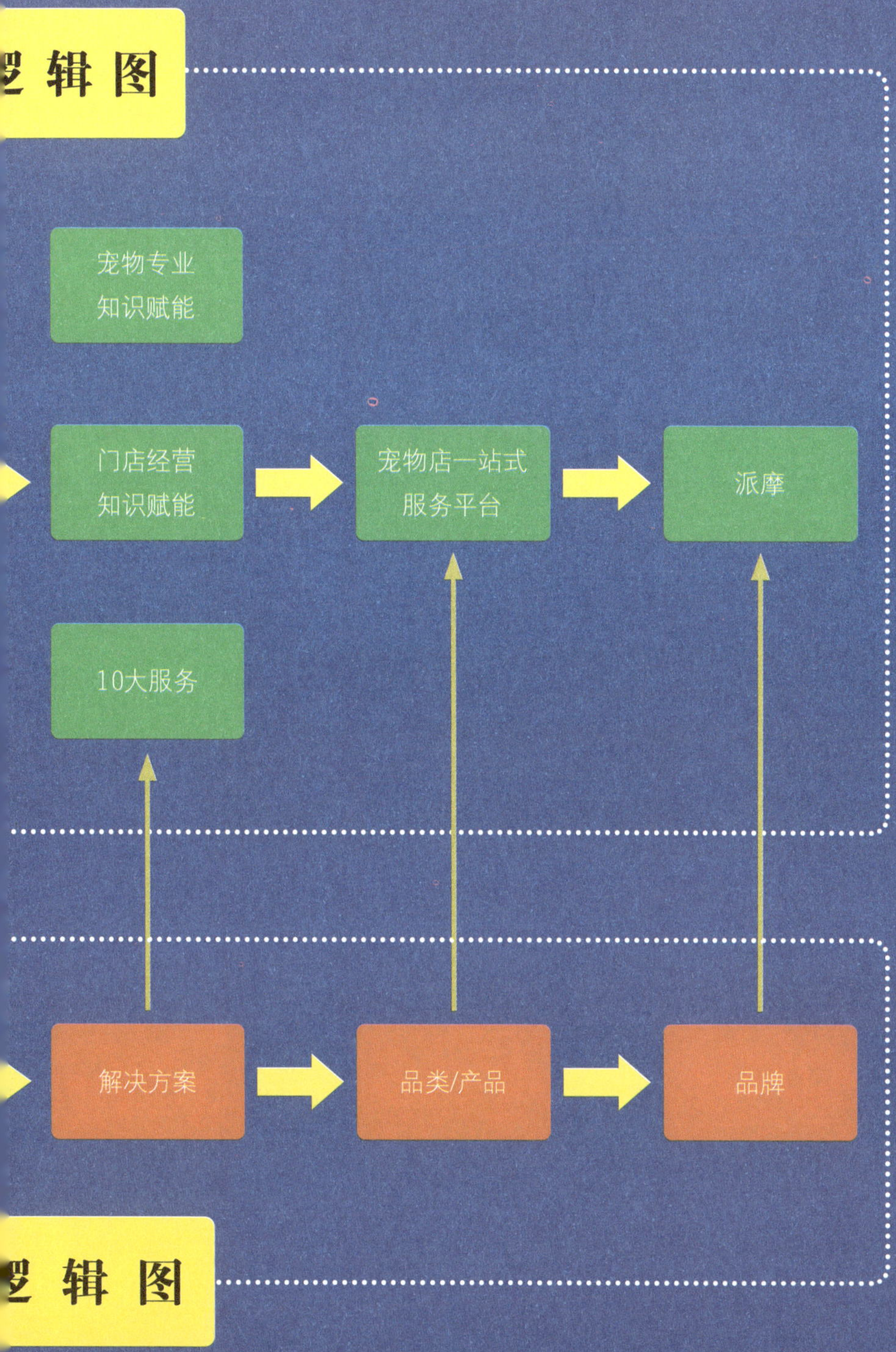

逻辑图

宠物专业
知识赋能

门店经营
知识赋能

宠物店一站式
服务平台

派摩

10大服务

解决方案

品类/产品

品牌

逻辑图

14

杨格智能锁：用 C 端思维做 B 端生意

1厘米宽价值钉：军工级的安全锁 234

1公里深价值定义：无法技术开启的安全锁 236

1秒可感知：实验说明一切 239

杨格智能锁厂是广东省中山市小榄镇的一家锁厂，过去以工程业务为主，截至2023年已有17年的历史。与冷启动合作主要想解决两大问题：一是从工程思维到用户思维的转型；二是从机械锁到智能门锁的转型。其中第二个转型尤为紧迫。

当时，杨格在行业中面临1400多个竞争对手，既包括传统的机械锁厂、家电企业，又包括三星、海尔等知名企业，一些互联网公司把智能门锁作为智能家居的入口，还有一些门厂直接把智能门锁作为各种门的出厂标配。在这种竞争环境中，杨格一旦转型失败，就好比当初的诺基亚，有被淘汰出局的风险。

重重压力之下，如何才能帮助杨格从激烈的竞争中脱颖而出？

1厘米宽价值钉：军工级的安全锁

接到这个案子，我们也深感压力大。

经过深入调研，我们决定还是先从杨格的优势出发。杨格过去，最大优势就是B端的经营，所以我们制定了杨格的战略方向："聚焦B端，用C端思维做B端"。2017年时，B端精装房、公寓、酒店的市场份额非常大，而且未来的份额也不会太少，市场前景很好，加上杨格多年在酒店和公寓的积累，做起来也轻车熟路。只不过，不能用B端思维做B端生意的传统方法，而要用C端思维做B端实现降维打击。

贝塔7号智能锁，就是我们借助超级爆品"三维模型"，帮助杨格策划打造的一款超级爆品，杨格也借助这款产品成功实现转型。

贝塔7号的价值钉是什么呢？智能锁相比传统机械锁，最大的优势就是更方便，不用钥匙开。很多竞争对手都在打这个点，杨格这把智能锁能不能也主打方便，还是要从用户的底层需求出发。

通过深度洞察，我们发现用户对锁的需求有很多，方便、安全、好看、智能……具体切入哪个需求，还得洞察竞争对手。

竞争对手都在打方便，杨格就不要主打方便了，这倒不是因为要跟竞争对手做区分，而是因为竞争对手主要做的是C端，主打方便是对的。杨格的竞争对手，是这些从C端市场切入B端市场的品牌。它们有强大的品牌优势，杨格再主打方便就远远不够，难以从竞争中突围，硬碰硬肯定不合适。这时就要思考，C端品牌做B端的劣势是什么。

在思考的过程中，我们逐渐意识到，越方便的东西，安全隐患往往越大，所以安全就是这些竞争对手的最大弱点。不过，这个点能不能打，还得看杨格自身的优势。

我们把这个想法与杨格进行沟通，杨格很有信心地告诉我们，过去17年，他们对外打的就是军工品质，技术积累比较雄厚，质量过硬且稳定，有足够的能力从技术层面提高安全性能，也有认知优势。

1公里深价值定义：无法技术开启的安全锁

如何才能做出一把超越竞品、更加安全的智能锁呢？

要回答这个问题，我们先要洞察门锁“不安全”的点有哪些，以及不安全的本质是什么。

经过与大量门锁技术专家和开锁专家交流，我们得知门锁被盗开的主要方式有：小偷的万能钥匙开启、猫眼工具开启、物理破坏、特斯拉线圈开锁、偷窥密码、电子元器件受潮自动开锁、黑客入侵开锁等。将其总结概括，本质是两类盗开方式：物理技术盗开与网络黑客盗开。防御网络黑客盗开，杨格主要依赖第三方的防火墙，这也是市场各大品牌主要的网络防盗方式。第三方防御黑客技术已经比较成熟，除非顶级黑客，否则很难攻克，顶级黑客也不太可能对民用门锁系统发起攻击。而防范物理技术盗开，对于有17年传统门锁制造经验的杨格来说，大有文章可做。

基于上述洞察，我们给出杨格价值定义的方向为防范物理技术开锁，并重新界定了杨格对“安全”的价值定义——无法技术开启。为此，我们设计了九大解决方案让杨格的锁无法通过技术开启，支撑“安全”这一价值钉。

（1）隐藏锁孔技术+C级锁芯

根据国标，门锁必须保留机械锁孔，而从锁孔开锁是小偷盗开最常用的方式。为此，杨格设计了一个机械装置，把锁孔隐藏起来。要从锁孔开锁，必须通过另外一把特定的工具，把挡住锁孔的机关给打开，让锁孔露出来才行，相当于“锁上加锁”。同时，杨格采用了当时最高级的C级锁芯。普通小偷，压根儿不知道杨格的锁孔在哪里；而知道杨格锁孔位置的小偷，明白开杨格锁要付出大量的时间，风险剧增。要不要费劲开杨格的锁，小偷自会权衡。这样一来，杨格锁的安全性和其他锁对比，就有了重大提升。

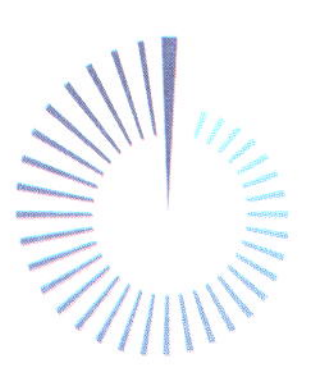

（2）防复制活体指纹头

运用最新的指纹头技术，必须是活体的指纹头才能开锁，同时加大了指纹识别面积，多取特征点，多点比对。指纹识别面磨砂处理，不残留指纹，防止指纹被复制。

（3）全金属防撬外壳

采用比同行更厚的全金属钢板做门锁外壳，防撬能力大幅度提升。

（4）五防电路板

采用纳米级五防工艺电路板，能够防松动、防尘、防静电、防潮、防腐蚀。

（5）无孔防尘电机

提升电机稳定性，防止无法运行或自动误运行。

（6）方杆防夹保护装置

防止技术工具插入后，夹住方杆开锁。

（7）防猫眼技术开锁游离把手

把锁杆由正常状态改为游离状态，防止通过猫眼工具开锁。

（8）防偷窥虚伪密码技术

用户可以输入任意密码，只要中间段输入正确密码即可，大幅降低偷窥者识别并记住长位密码的可能性。

（9）精钢防爆锁舌

高强度精钢锁舌，防止高强度撞击开锁。

通过上述这九大解决方案，杨格锁从物理层面，最大限度避免了用技术手段开锁的可能。

1秒可感知：实验说明一切

如何让用户1秒感知杨格贝塔7号智能锁的价值呢？考虑到杨格打造的“安全”，不是门锁行业迭代的新技术方案，而是提高用户的差别阈限，让用户感知杨格锁的安全系数比其他锁更高的结果，为此我们设计了开锁、淋水、猫眼开锁等一系列可感知实验，让普通用户对锁的安全性也能1秒可感知。

（1）开锁实验

在贝塔7号的产品发布会现场，我们安排开锁匠用工具对市场上同类多款智能锁进行现场开锁。经过实验，其他的锁，开锁匠最多用了3分钟就能打开，而贝塔7号，由于开锁匠找不到锁孔，根本无法开启。

（2）淋水演示

实验现场，工作人员用淋浴头对杨格锁进行了30分钟的淋水。30分钟后，贝塔7号依然可以顺利打开。

（3）猫眼开锁演示

技术人员现场用猫眼工具进行开锁测试，发现完全无法开启贝塔7号。

上述的淋水演示和猫眼开锁演示，后来在销售终端同样进行了现场演示，用户一看，就认可了杨格锁的安全性能。

至此，我们帮贝塔7号设计的三维模型就完成了。

最后，我们再用商业逻辑图验证三维模型，不难发现杨格的商业逻辑图是畅通的。

杨格在贝塔7号发布会现场收到经销商的千万元订单，并通过经销商拿下多个精装楼盘、公寓、酒店的智能锁订单。至此，杨格产品转型成功，开始全面生产智能锁产品。一年后，杨格公司整体业绩比我们服务前增长了5倍。2019年，杨格打败三星等国际大牌，中标明克斯欧洲运动会场馆用锁，开始进军国际市场。

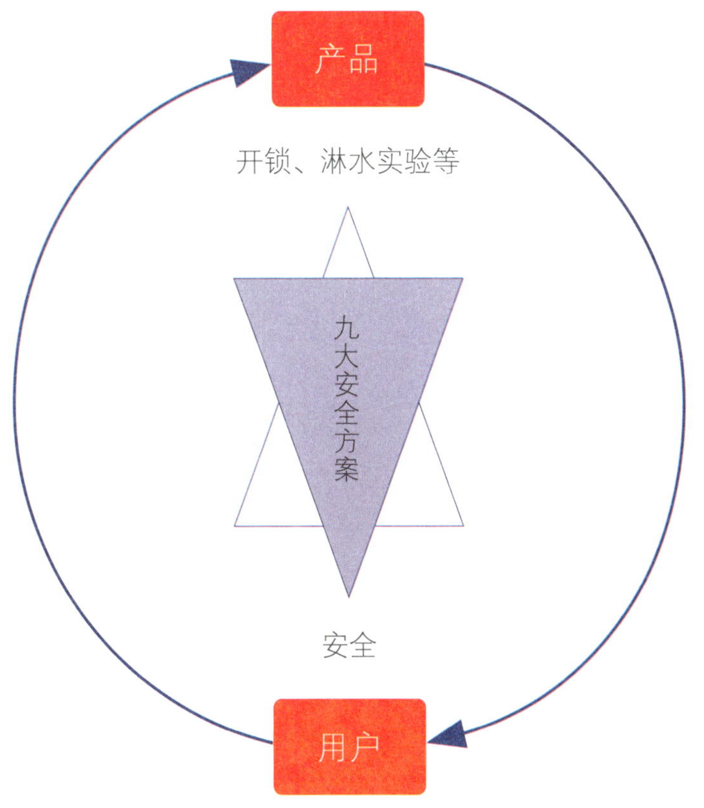

图14-1 “杨格智能锁”三维模型图

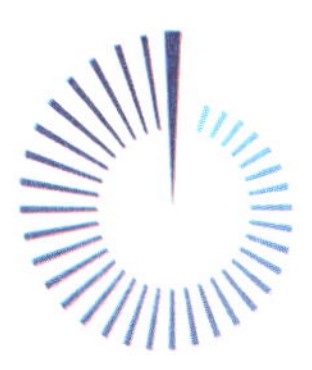

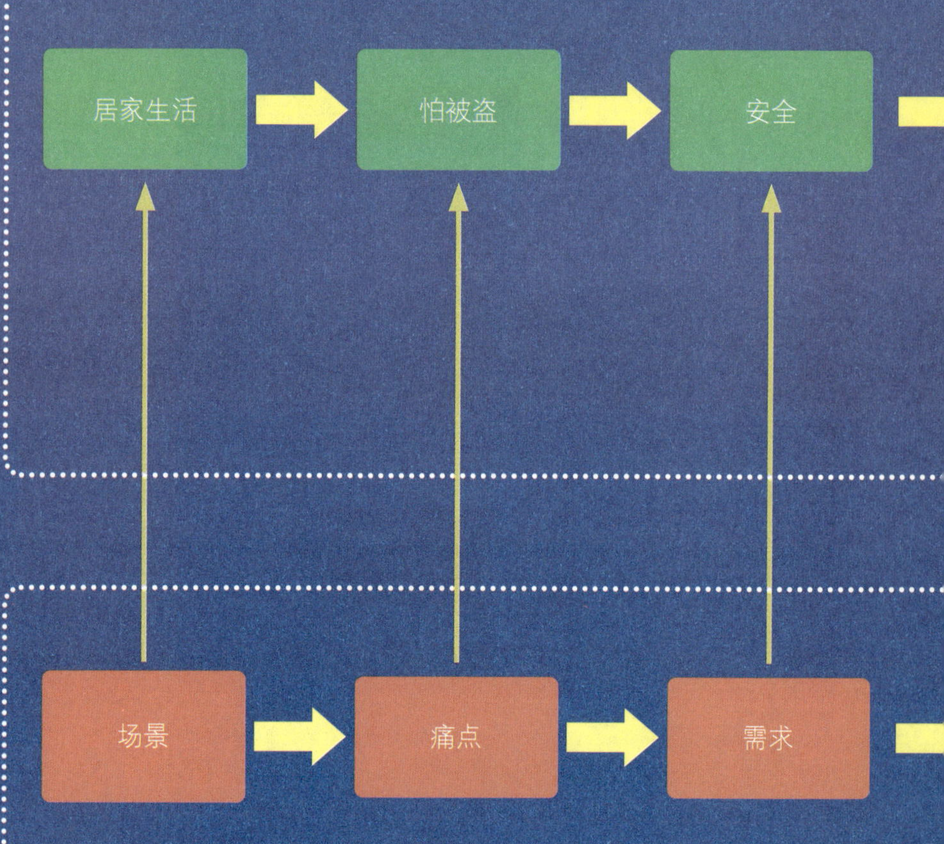
杨格用户
居家生活
怕被盗
安全
场景
痛点
需求
战略

逻辑图

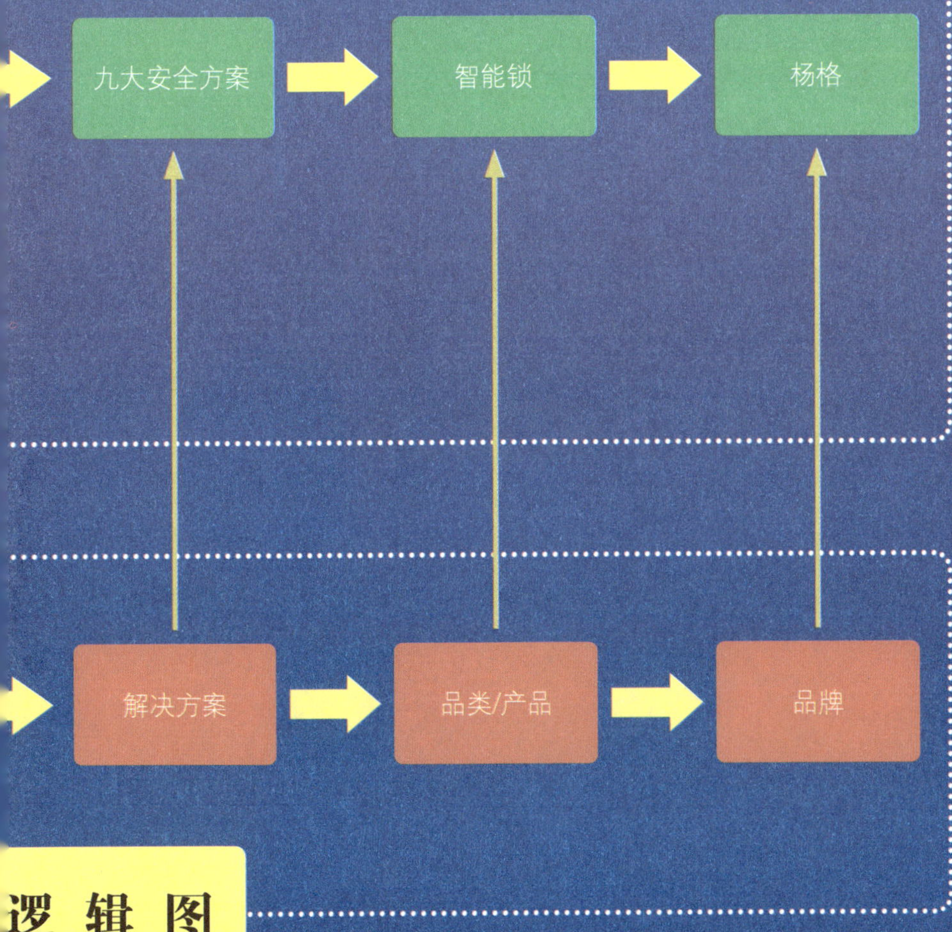

15

壹佰刀具：成功突破价格内卷

1厘米宽价值钉：高精度切削　246

1公里深价值定义：七维创新新刀片　249

1秒可感知：零偏摆、刀刀直　252

2020年刚过完年，一家做工业圆锯片的企业——成都壹佰刀具，通过朋友介绍找到我们，希望能帮助打造一款超级爆品。当时正值疫情最严重的时候，我们全副武装去了壹佰刀具公司。

这家公司成立于2007年，主营两大业务：一块是刀具贸易，代理销售其他公司生产的刀具类产品；另外一块是自己生产的圆锯片产品。两大业务在2019年的营收均为4000万元左右，公司整体营收8000万元。截至2019年，壹佰刀具的业绩已经连续5年徘徊在8000万元左右。公司想了很多办法，始终没有取得重大突破。

经过充分沟通，最后我们接了这个案子，开始全方位的走访调研。

1厘米宽价值钉：高精度切削

和服务前的认知不同，我们发现锯片是一个技术含量非常高的行业。因为需要进行高速切削，锯片稍有质量问题，小则导致加工品质不佳，大则可能酿成生产安全事故。壹佰刀具的董事长唐万清痴迷锯片研究，公司技术沉淀很强，其生产的部分锯片，产品品质已经超过国外品牌，但销售业绩却没有随技术的发展而增长。

经过对壹佰刀具的走访，发现他们把大部分精力耗在代理产品上，壹佰刀具的价值没有得到充分发挥。同时，和自身品牌的产品业务对比，代理产品的商业价值、资本价值小太多了。毕竟像壹佰刀具这种有技术含量的企业，具备自研产品替代超越国外品牌的能力，业绩稍有突破就很有机会上北交所。于是我们建议，企业聚焦于自研刀具产品的开发和销售，压缩代理产品的销售，最后逐步过渡到彻底放弃代理产品。最后，壹佰刀具董事长唐总与总经理罗总接纳了我们的建议，决定聚焦于自研的壹佰刀具产品，将它做大做强。

我们再来洞察用户。壹佰刀具当时有三大类产品：第一类是家具行业用的合金圆锯片，主要用于木材的切削；第二类是门窗铝材用的金刚石圆锯片；第三类是金属切削用的陶瓷冷锯，主要用于汽车配件与机械配件等精加工前的金属棒料、管料、型材的切削。2019年，合金圆锯片的年销售额在3000万元左右，金刚石圆锯片的销售额在1000万元左右，而陶瓷冷锯刚刚起步，销售额只有200多万元。

对于这三大产品线，我们需要逐个梳理战略蓝图，企业才能有的放矢、有序推进各产品线的业务发展。

合金圆锯片方面，壹佰刀具属于行业后起之秀，主要占领了中小家具厂的市场。头部家具厂很少使用壹佰刀具，核心不是壹佰刀具品质不行，而是品牌力太弱，他们要么使用国外品牌锯片，要么使用国内老牌公司的产品。家具厂行业已经进入行业整合阶段，头部企业占据的市场份额将越来越大，如果不能与头部企业合作，未来壹佰刀具的合金圆锯片产品线，一年3000万元的营收都很难保证。因此，要想占领未来的市场，壹佰刀具必须突围，通过打造超级爆品，拿下头部家具企业。

当时，壹佰刀具的市场主要聚焦在成都市及其周围地区，外省市场占有率很低，还有很大的空间可以挖掘。适合门窗行业使用的金刚石锯片，只有不到一半的工厂在用，更多企业用的还是合金锯片。事实上，用金刚石锯片切削铝材，无论效率还是质量都碾压合金锯片，只是金刚石锯片之前价格超高，让许多工厂望而却步。不过随着技术的发展，使用金刚石锯片的综合成本已经与合金锯片相当，金刚石锯片有望迎来一轮快速发展的增长机遇。

处于金刚石锯片第一梯队的壹佰刀具，想要快速发展，必须成为金刚石锯片的头部企业。

至于陶瓷冷锯，这是一个刚刚起步的行业，主要替代传统的带锯，用来切削小口径金属材料。这个领域，冷锯的技术优势也是碾压传统带锯，效率高，损耗小，质量好。这个行业，壹佰刀具属于后来者，但行业增量空间巨大，仍然具备快速超车、成为第一的机会。不过，壹佰刀具的冷锯因为研发周期不够，还有技术需要突破，突破了才有爆发的机会。

对这三大产品线做完分析之后，我们给出了“合金锯片向上走、向外走，金刚石锯片快速跑，冷锯技术继续攻克”的产品发展战略。

合金锯片向上走，就是要搞定大客户，向外走就要拓展渠道。一般来说，大客户更看重品牌。壹佰刀具当前的品牌力很弱，凭什么打动大客户？外省渠道都由其他品牌牢牢占据，攻打外省市场，意味着必须从竞争对手那里硬抢。要达成这两个市场目标，赢得竞争，就必须重新构建壹佰刀具的爆品三维，把产品变成“一把锋利的武器”。我们坚信，产品力只要足够强，就可以弥补品牌力和渠道力的不足。

通过走访大量的用户，我们发现家具厂对于锯片存在四类痛点：一是锯片自身的质量问题，包括坏齿、断齿、阻力大、啸叫声大等；二是切削质量问题，包括切削材料爆边、纹路深、切边不平直、材料崩角等；三是锯片不耐用，没用多久就不锋利了，要频繁换新锯片；四是售后服务问题，主要是锯片修磨质量不好、修磨时间太长等。

这些痛点中，哪一类最痛呢？通过深入研究，我们发现是切削质量。切削质量越好，意味着家具质量越好，返工率更低，损耗也更小。这是用户的痛点，也是核心需求点。为此，我们进一步研究了竞品，同时发掘壹佰刀具自身技术解决方案的空间，最后将合金锯片的价值钉定为“高精度切削”。

1公里深价值定义：七维创新新刀片

确定了价值钉，接下来就要挖掘1公里深的价值定义。如何让切削质量变得更好？

要回答这个问题，我们首先要明白为何切削质量会不好。影响切削质量的因素有很多，比如应力问题、焊齿问题、刀体问题等。什么才是导致切削质量不好的根源呢？通过对多方数据和报告的研究，我们找到了关键要素：锯片高速旋转时，由于刀头轨迹不稳定，才会导致切削质量不好。切削质量不好是表象，刀头轨迹不稳定是本质。

基于这样的洞察，我们确定了价值定义的技术方案——精准轨迹高速平衡技术，并且从精准磨齿、平衡磨削、德国焊接、高精度中孔、越高气压热处理、大数据隐形应力、稀有合金钢板等七个方面进行了精确的技术定义。

价值定义—

精准磨齿
多面多轮精磨工艺，6面40次以上6款砂轮精磨。

平衡磨削技术
“平衡磨削”专利技术，提高1倍磨削精度。

德国焊接技术
德国格林焊齿机，采用德国优美科三明治焊料，耐用不掉齿。

准轨迹高速平衡技术

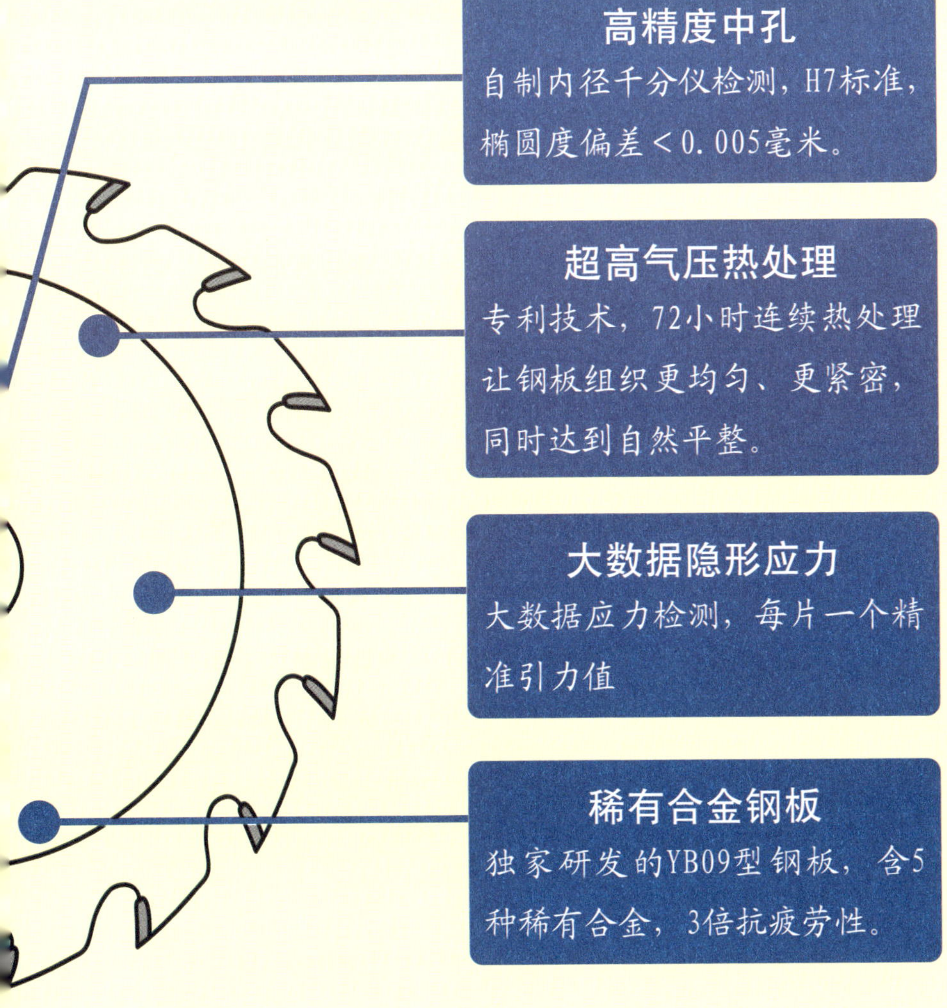
高精度中孔
自制内径千分仪检测，H7标准，椭圆度偏差<0.005毫米。
超高气压热处理
专利技术，72小时连续热处理让钢板组织更均匀、更紧密，同时达到自然平整。
大数据隐形应力
大数据应力检测，每片一个精准引力值
稀有合金钢板
独家研发的YB09型钢板，含5种稀有合金，3倍抗疲劳性。

1秒可感知：零偏摆、刀刀直

合金锯片作为一款技术含量很高的科技产品，我们设计并制作了一系列对比实验的视频来让用户感知产品的价值，如切削质量对比演示视频、锯片高速旋转摇摆幅度对比演示视频、切削材料拼接零透光对比演示视频等。同时，我们还给出了1秒可感知的传播语：零偏摆、刀刀直。用户听完这句话，马上就能感知产品的价值。

完成上述策划后，壹佰刀具开始进行传播的落地工作，对终端门店进行了全方位的装修设计，并且按我们的建议开设了抖音账户，通过抖音将策划的内容落地，公司的传播物料也同步进行了升级。

2020年，壹佰刀具自有品牌产品营收从4000万元增长至8000万元；2021年增长至1.2亿元；2022年增长至1.6亿元，3年复合增长率近60%。自此，壹佰刀具走上了快速发展的道路，扭转了连续多年业绩徘徊不前的局面。至于品牌名，我们从壹佰刀具众多注册商标中选择了一个最符合价值钉的商标——“快无双”。

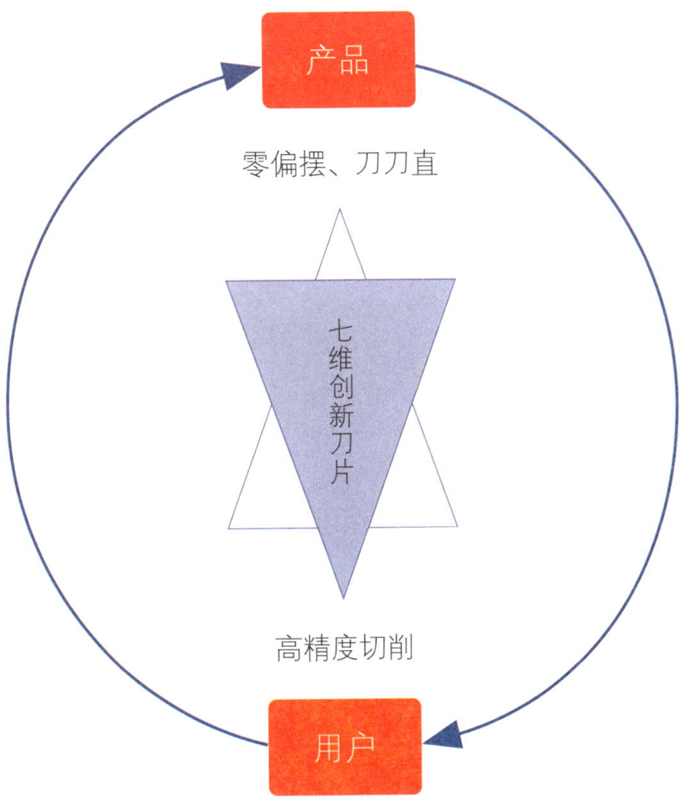

图15-1 “快无双”三维模型图

快无双用户

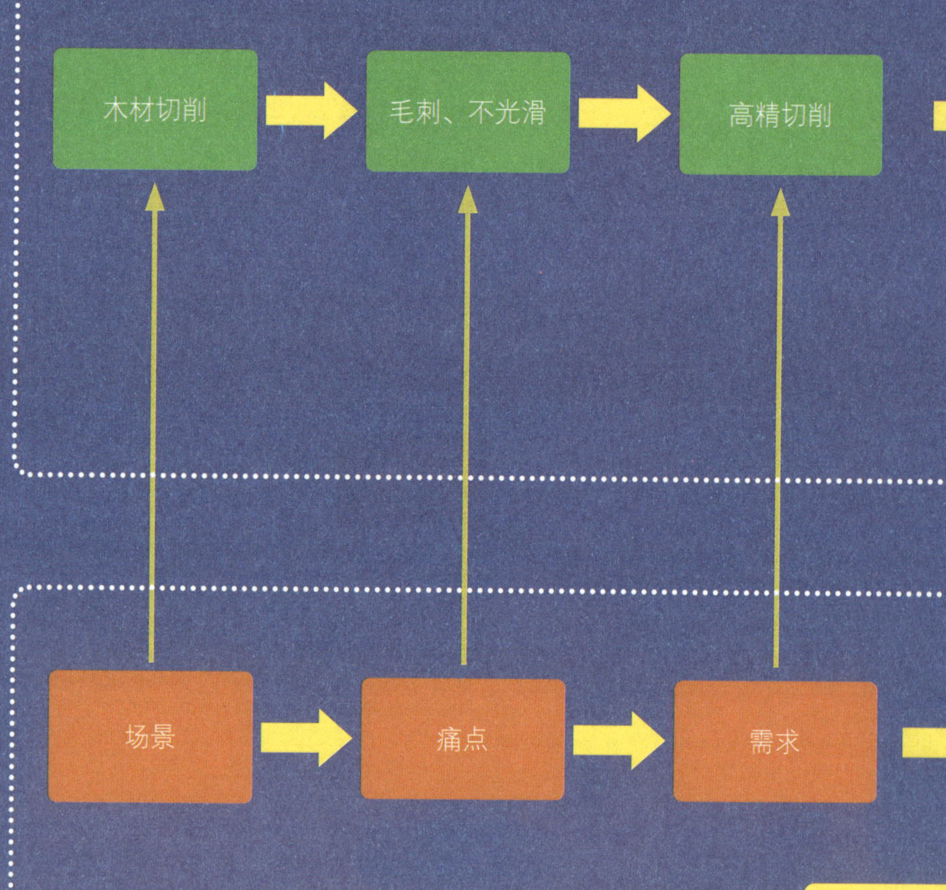

战略

逻辑图

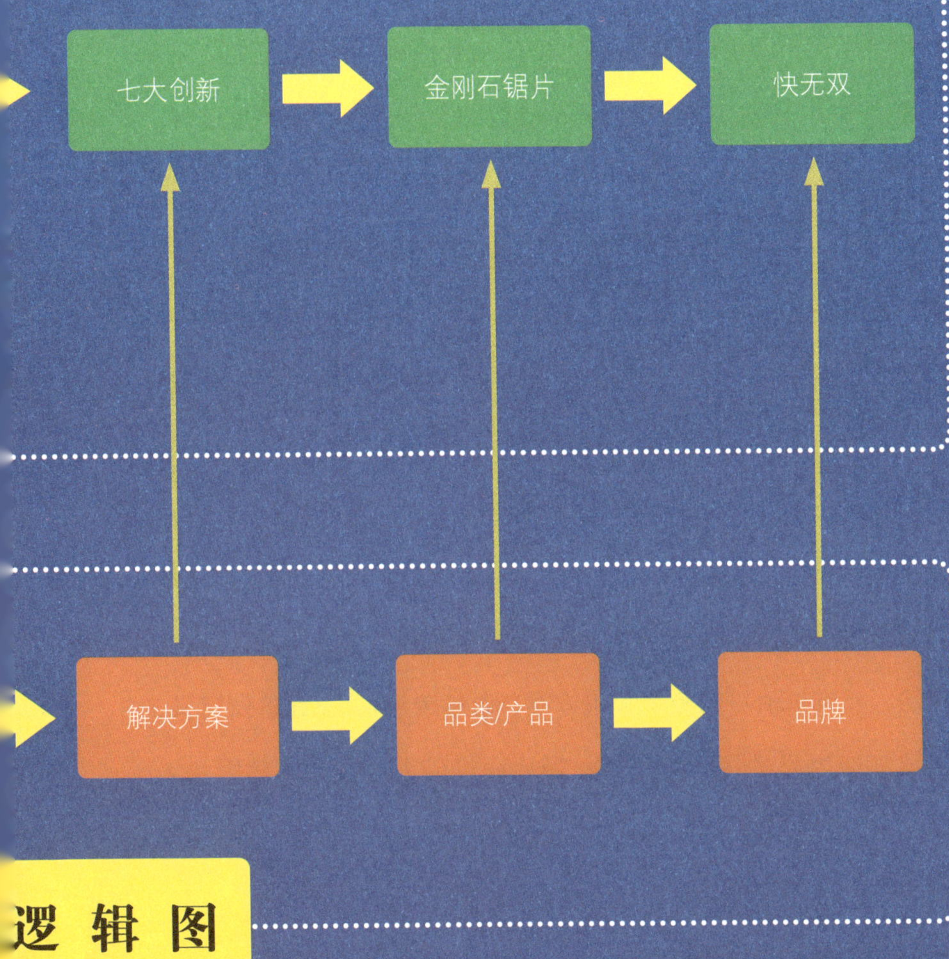

写在最后

在增量市场成长起来的中国企业，大多还没经历过存量市场的残酷竞争。从一开始做产品就能赚钱，到做有品质的产品才能赚钱，中国已悄然走过改革开放40余年。在产能严重过剩，信息愈加透明的今天，仅仅做好产品品质已经很难获得用户青睐。未来，必须做出懂得用户的产品才能“杀”出重围。

超级爆品的商业底层逻辑来自对用户需求的深度洞察，从心理学角度思考用户的决策购买行为，研究如何在低传播力度下，通过一款极致的产品实现快速销售。

为此，我们设计了爆品三维模型，通过“三角焦点法”来洞察用户的最强需求点，从而找出超级爆品1厘米宽价值钉，从潜意识层面引起用户兴趣；然后围绕价值钉，通过痛点本质洞察法，找到价值钉的极致解决方案，通过构建1公里深价值定义，形成超级爆品的核心竞争力；最后通过借力法和差别阈限法来洞察可感知原点，围绕“五觉”，设计超级爆品1秒可感知系统，让用户在快速识别和判断中完成购买行为。

超级爆品三维模型系统，能够极大提升产品研发效率和成功率，减少企业为应对竞争压力而做的盲目开发与过度营销，减少对企业资源的无谓消耗。

做好超级爆品更大的战略价值在于“超级爆品成就超级品牌”：通过一款超级爆品赢得用户，实现用户与品牌的强映射，最终赢得竞争，成就一个超级品牌。这种做法完全区别于传统“以竞争为导向，搞定竞争实现突围”的思路。赢得竞争未必赢得用户，但是赢得用户一定能够赢得竞争。

苹果手机并不是靠制定了比诺基亚更高明的竞争策略而成为智能手机第一，而是靠一款颠覆式创新的超级爆品赢得了用户。用户自动放弃了诺基亚，从而成就了苹果的超级品牌。

同样的，后来入局的华为手机一路高歌猛进，到2021年之前都是中国手机市场绝对的第一名，这也不是靠什么高超的竞争策略，而是聚焦超级爆品赢得用户选择而实现的。

长城汽车下属的坦克品牌，产品上市不到一年就月销破10亿元，成为城市硬派越野的超级品牌，靠的就是“坦克300”这款外观设计硬朗、性能卓越、性价比极高的超级爆品。坦克赢得了用户，从而在与吉普、路虎等越野车的激烈竞争中胜出，赢得了市场。

还是说汽车。高端车一直是国外品牌BBA（奔驰、宝马、奥迪）的天下，国产高端品牌一直很难有竞争力。但是，比亚迪的仰望系列，依靠一款U8的超级爆品，凭借极致的安全性，能在涉水、爆胎等极端环境里继续安全行驶，能360度原地掉头等技术，赢得了用户的选择。在售价超过100万元的豪车里面，比亚迪的U8，第一天发布的预售量就突破1万台，预售金额突破100亿元。比亚迪依靠极致的产品技术，打破了人们对进口品牌的认知优势，也改变了人们对原来比亚迪的低端认知。认知确实很难改变，但爆品能够打败旧认知、重塑新认知。

食品领域的金龙鱼，依靠一款1:1:1的超级爆品，成就了家喻户晓的金龙鱼超级品牌；一款超级爆品辣椒酱，成就了今天的老干妈。

做品牌的方法很多，但是做品牌的捷径只有一个，那就是超级爆品。因为超级爆品成就超级品牌。

我们希望有更多的企业能运用这套方法，能够专注在用户需求上下足功夫，将产品的开发做到极致。这样既能提升企业产品的竞争力，又能通过好产品实现商业的终极目的——让人类的生活变得更美好。

当前，国际局势并不稳定，贸易保护主义盛行，美国屡用经济武器阻碍我们的前进。在这一过程中，我们希望通过帮助更多企业成功打造出超级爆品，为促进技术的进步，推动经济更加繁荣，努力贡献一份微薄之力，为强国建设，为民族复兴伟业添砖加瓦！

当然，做一款真正的超级爆品并不容易，但这已是通往成功的道路上最容易的一条。这需要我们的企业家、营销人、开发者等从业者，在产品研发的道路上精益求精。简单的路已被前人踏完，留给后人的将是一条充满挑战，但又处处充满机遇的超级爆品之路。早一日踏上爆品的征程，就多一份成功的希望。明天会比今天更具挑战，但今天会比明天更有机会。至少在当下，还有超级爆品的机遇之路。

由于笔者的写作水平有限，本书定还存在许多欠缺，非常欢迎广大读者与我们联系、指正，共同探索打造超级爆品更多的奥秘，让我们在打造超级爆品的路途上共同成长。

最后，祝愿各位读者朋友能够成功打造出超级爆品，成就属于自己的超级品牌！